見方を変えると「正解」が見えてくる

神視点

井上裕之

きずな出版

はじめに――「見方」を変えれば、世界が変わる

日常生活で私たちは、さまざまな問題に直面します。

仕事の不満、人間関係の摩擦、未来への不安……その一つひとつを具体的にあげていけば切りがありません。

「不満はたまる一方」

「人間関係の悩みから解放されることはない」

「これから先のことを考えたら、不安を消し去るなんて無理」

そんなふうに思っている人は少なくないでしょう。


でも、本当に、そうでしょうか？

ちょっと周囲に目を向けてみてください。

不満や不安なんて、少しも感じていなさそうな人が、いませんか？

「あの人は、悩みなんてないのだろう」

と思えるような人がいませんか？


「そういう人は、我々とは根本的に違うのですよ」

と、あなたは思っているかもしれません。

実際、そう考える人は多いと、いろいろな人たちと会って話す中で感じます。


しかし、です。

本当に、根本的に違うのでしょうか？

うまくいく人と、そうでない人は、根本的に違うのでしょうか？

私は、そう思いません。

うまくいく人と、そうでない人の違いは「その視点にある」というのが、私がさまざまな学びや実践から得た結論であり、この本で、あなたに伝えたいことです。

日々の不満や不安、悩みといったものは、すべて、私たちが世界をどのように見るかに深く関わっています。

これまで多くの方のお話をうかがい、そして自分自身の経験を振り返る中で、一つの真実に気がつきました。

それは、私たちの「見方」が、私たちの現実を形づくっているということです。

この「見方」を変えることで、私たちは、自分自身とまわりの世界に対して、新たな理解と対応を見出すことができます。それは決して楽観主義に走ることではありません。むしろ、現実を直視し、それに基づいて最も賢明な選択をするためのスキルなのです。

私がこの考え方にたどり着いたのは、さまざまな場面で「視点を変える」ことの重要性を実感したからです。

私たち一人ひとりが、自分の視野を広げ、異なる角度から物事を考えることができれば、新しい解決策が見えてきます。

これが私が呼ぶ「神視点」です。

自分だけの枠を超えて、周囲や社会全体を包括的に見る力です。

その力は、どうすれば身につけることができるのか。私が実際に学び、実践してきた方法を、7つの章（視点）を立てて、お話ししていきます。

この視点を持つことで、あなたはチャンスに恵まれ、人生は変わっていきます。

心理学者のアルフレッド・アドラーは、

「他者と関わるうえでもっとも重要なことは他の人の目で見、他の人の耳で聞き、他の人の心で感じることだ」

と言っています。

どんな人でも、誰とも関わらずに生きていくことはできません。

そのときに、自分の視点、いつもの視点だけでは、世界を狭くしてしまいます。

それでは、いつまでも人生は変わっていきません。この本では、その「神視点」を、どのようにして育て、活用するかを、実例を交えながらお伝えします。

「神視点」とは、業種や職種が変わっても持ち運びできるスキルであるポータブルスキルです。もっと言えば、人生で、最短最速で最大の結果を出せる汎用性の高いものです。

それは、「これから身につけられるスキル」です。

視点を高めれば高めるほど、見える視座は高まります。

きっと、読むうちに、見慣れた景色が新鮮な色彩を帯び始めるでしょう。

それは、あなた自身の視点が変わり始めている証拠です。

一緒に、新しい見方を探求していきましょう。

井上裕之

目次

第1章

目覚める神視点

新たな視野の開拓

第2章 挑戦を機会に変える

問題解決への新しいアプローチ

第3章 キャリアを加速する

成功への階段を上る

第4章 人間関係の構築

つながりを深める視点

第5章 自己成長の視点

継続的な自己実現への道

第6章 バランスの視点

ワークライフハーモニーの実現

第7章 未来を創造する視点

夢を現実に変える

神視点

見方を変えると「正解」が見えてくる

序章

あなたの世界を変える視点の力

自分の限界を超える

視点を変えることの魔法

人生は、見方を変えるだけで全く新しい色彩を帯びることがあります。

視点を変えるという行為は、文字通り魔法のように、私たちの周囲の世界を変える力を持っています。この章では、その魔法のような力について掘り下げていきます。

日常生活で直面する多くの挑戦や問題は、しばしば私たちを苦しめ、時には行き詰まりを感じさせることがあります。

しかし、問題を別の角度から見ることで、解決策が見えてくることがあります。これは、まさに「視点を変えることの魔法」が働く瞬間です。

たとえば、職場での困難に直面しているとき、その問題を個人的な挑戦ではなく、成長の機会として捉《とら》え直すことで、あなたのアプローチは大きく変わるかもしれません。この小さな視点の変更によって、以前は見えなかった解決策が見えてくるのです。それは、失敗を避けるための手段ではなく、成功へのステップとして見ることを学ぶことです。

さらに、人間関係においても視点を変えることは有効です。相手の行動を自分への攻撃ではなく、彼ら自身の苦悩の表れとして見ることで、怒りやフラストレーションではなく、共感や理解を持って接することができるようになります。この変化は、関係の質を根本から変えることができるのです。

視点を変えることは、新しい発見につながります。

たとえば、日々のルーティンに飽き飽きしていると感じたとき、それを単調な義務ではなく、日々の安定と平和をもたらす安らぎの時間として捉え直せば、感謝の気持ちを取り戻すことができるでしょう。これは、物事を肯定的に見る力、つまりポジティブな思考がもたらす魔法です。

しかし、この魔法を使うためには、自分自身と向き合い、自己認識を深める努力が必要です。自分の思考パターンを理解し、柔軟に考える練習をすることが重要です。それには、意識的に日常での小さな瞬間に注意を払い、自分の無意識的な反応を観察し、それを意図的に変える試みが必要です。

「視点を変えることの魔法」は、私たち自身の内なる力から生まれます。

それは、私たちが持つ最も強力なツールの一つです。

この魔法を使いこなすことで、私たちは自分の人生をより豊かで意味のあるものに変えていくことができるのです。そして、その過程で私たちは、周囲の世界をも変えていく力を持つことを学びます。

この魔法を使うことで、どんな状況も乗り越え、自分自身の可能性を最大限に引き出すことができるのです。

「神視点」とは何か?

「神視点」とは、自分自身や周囲の状況を高い視野から俯瞰《ふかん》し、全体像を捉えることで、物事の本質や相互関係を深く理解する思考法です。

この視点は、日常の問題や挑戦に対して、より包括的でバランスの取れたアプローチを可能にします。

通常、私たちは自分の視野や経験に基づいて世界を見ており、その結果、限定的な視点から物事を判断しがちです。

しかし、「神視点」を取り入れることで、**自分の個人的な感情や先入観を超えて、広い視野で物事を捉える**ことができるようになります。これにより、問題の本質を見極め、より創造的で実効性のある解決策を導き出すことが可能になります。

「神視点」の重要な要素

①俯瞰する能力──物事を広い視野で捉えることで、問題の全体像や根本的な原因を見極めることができる

②多角的な思考──異なる視点やアプローチから物事を考えることで、一つの問題に対して複数の解答が存在することを理解する

③非執着──自分自身の意見や信念に固執せず、開かれた心で情報を受け入れ、柔軟に思考することができる

④連帯感──個人的な枠を超え、他者や社会全体との関連性を意識することで、共感

的かつ包容力のある解決策を見出す

⑤ 創造的な解決策――俯瞰的な視点から新しい発想やアイデアが生まれ、従来の方法にとらわれない解決策を見つけ出す

「神視点」は、ビジネス、人間関係、個人の成長など、人生のあらゆる面で応用することができます。

この思考法を身につけることで、複雑で変化する現代社会において、柔軟かつ効果的に対応する力を養うことができます。

自分自身だけでなく、周囲の人々や社会全体への深い理解と共感を育み、よりよい未来を創造するための一歩となるのです。

視点のシフトがもたらす成長

いつもと違う角度から物事を見ると、新しいアイデアや解決策がひらめくことがありま

す。たとえば、難しい問題に直面したとき、**一歩引いて全体を見ると、いままで気づかなかった解決の糸口が見つかる**ことがあります。

①柔軟になれる

いろいろな視点から物事を考える練習をすると、心が柔軟になります。これは、人生で起こる変化や予期せぬ出来事に対しても、フレキシブルに対応できるようになるということです。変化を恐れず、流れに乗っていけるようになります。

②自分をよく知れる

自分の考え方や感じ方にも、いつもと違う視点を持ってみることで、自分自身をもっと深く理解することができます。自分がどうしてある反応をするのか、どんな思い込みがあるのかに気づくことで、よりよい自分へと成長できます。

③人間関係がスムーズに

他人の立場や感じ方を理解することで、人間関係がスムーズになります。相手の視点を考えることで、衝突を避けたり、より深いつながりを築いたりできるようになります。相手を理解し、受け入れることができれば、人との関わりが楽になっていきます。

④人生を前向きに進める

自分の人生に対する視点を変えることで、前向きな変化を起こすきっかけになります。いまの自分の立ち位置を俯瞰して見ることで、本当に大切なものは何か、自分の進むべき方向はどこかを見つめ直すことができます。

視点を変えることは、自分の中にある可能性を広げ、新しい発見をもたらし、成長へとつながる大切なプロセスです。

日々、小さなことからでも視点を変えてみることで、自分もまわりも、よりよい方向へと進むことができるでしょう。

日常生活における神視点の適用

日常生活に「神視点」を適用することで、小さな悩みから大きな人生の決断まで、より賢明に対処することが可能になります。

ここでは、具体的な方法と例を通して、**どのようにして、この視点を日々の生活に取り入れることができるか**を見ていきましょう。

①日々の問題への対処

問題「通勤時の交通渋滞によるストレス」

神視点の適用：渋滞をただの時間の無駄と見るのではなく、その時間を有効活用する機会と捉えます。オーディオブックを聞いたり、外国語の勉強をしたりすることで、渋滞時間を自己成長の時間に変えることができます。

②人間関係の改善

問題「職場の同僚とのコミュニケーションがうまくいかない」

神視点の適用：相手の言動を自分への攻撃と捉えるのではなく、相手がどのような状況や感情の下でその行動を取っているのかを理解しようとします。相手の視点を理解することで、より効果的なコミュニケーション方法を見つけることができるでしょう。

③自己成長
問題「新しいスキルを学ぼうとしたが、なかなか上達しない」
神視点の適用：単に「自分には才能がない」と諦めるのではなく、学習方法や環境を変えてみることを検討します。また、上達のプロセスを楽しむことで、結果に対するプレッシャーを減らし、継続しやすくなります。

④ライフスタイルの改善
問題「忙しさに追われ、自分の時間が持てない」
神視点の適用：毎日の忙しさに埋もれるのではなく、自分の時間をどのように価値あるものにするかを考えます。たとえば、忙しい中でも短い瞑想や軽い運動を取り入れることで、心身のバランスを取り、より生産的になれます。

⑤大きな人生の決断
問題「転職を考えているが、不安で決断できない」

神視点の適用：単に今の職場の不満から逃れるためではなく、自分のキャリアのビジョンや人生の目標に照らし合わせて考えます。長期的な視点から、どの選択が自分にとって最善かを冷静に分析し、決断します。

就活中の学生さんが、私の講演会に来てくれたことがあります。

面接に進んでも、なかなか内定がもらえずに悩んでいたそうですが、その日を境に、それ以降に受けた会社からは、すべて内定をもらったそうです。

いったい何が起きたのか？

あとで報告してくれた彼の話によれば、私の話を聴いたことで、視点が変わったというのです。それまでは、その会社を受ける動機も、その後にやりたいと思っていたことも、いまになってみれば、独りよがりだったと気づいたそうです。

そうではなく、**相手の目線に立つこと**で、その会社の理念や考え方を理解できるようになり、そこで自分ができること、やりたいことも面接で話せるようになったということです。まさに、これこそ神視点です。

日常生活に「神視点」を適用することは、自分自身と周囲の世界との関わり方を変え、より豊かで意味のある人生を送るための重要なステップです。

この視点から物事を見る習慣を身につけることで、日々の挑戦を成長の機会に変えることができます。

神視点への道のり

日常の挑戦や問題に対して、より高い視点からアプローチする思考法を身につけましょう。この視点を獲得するには、自己反省、習慣の変更、そして継続的な実践が必要です。次にあげるのは、神視点を獲得するための具体的なステップです。

①自己認識の向上
自分の思考パターン、感情の反応、そして行動の傾向に意識的に注意を払います。「日記をつける」など「自己反省の時間を持つこと」で、自己認識を深めましょう。

②多様な視点の収集
異なる文化・専門分野・生活環境の人々と交流し、彼らの視点や経験を学びます。書籍、映画、ドキュメンタリーを通じて、自分とは異なる環境や思考に触れる機会を増やしましょう。

③柔軟な思考の習慣化
物事に対する最初の反応や判断を見直し、異なる角度から考える練習をします。「もし○○ならどうなる?」という仮説的な質問を自分に投げかけることで、思考の柔軟性を養います。

④感情からの一歩引き
感情的に反応する前に、一呼吸置いて状況を客観的に観察することを心がけます。感情的な反応を控え、理性的な分析を優先することで、より冷静な判断が可能になります。

⑤継続的な実践と反省
日々の小さな決断から大きな人生の選択まで、神視点を意識的に適用します。

実践した後は、その結果とプロセスを振り返り、学びを次に活かします。

⑥マインドフルネスの実践

瞑想やマインドフルネスの技術を通じて、現在の瞬間に集中し、心の静けさを保つ練習をします。心が静かで平和な状態では、より高い視点から物事を観察しやすくなります。

⑦メンターの活用

人生の先輩や尊敬する人から学び、彼らの視点や考え方を取り入れることで、自分の視野を広げます。定期的なフィードバックを求め、自分の進歩を評価してもらいましょう。

神視点への道のりは、自分自身との対話と外の世界との調和から成り立っています。この旅を通じて、私たちは自己成長の果てしない可能性を探求し、日々の生活に意味と目的を見出すことができるのです。

第1章

目覚める神視点

新たな視野の開拓

神視点の目覚め

私たちは、日々の忙しさに追われながら、しばしば自分の固定された視点から物事を見ていることに気づきません。

この視点は、私たちの経験、教育、そして文化によって形成されています。

しかし、この視野が狭いフィルターを通じて世界を捉えることは、実は私たちの成長と発展を制限しているのです。

ここで重要なのは、「神視点」の目覚め——**私たちの視野を拡大し、物事を高い視点から俯瞰して捉える能力**を獲得することです。

神視点の目覚めとは、まさに自分の内なる世界と外に広がる宇宙との調和を図り、私たちの認識を根本から変える過程です。

この視点から世界を見ることで、私たちは自分自身と他者、そして自然とのつながりを新たな視野で捉えることができます。それは、私たちの問題、挑戦、そして日々の経験に対する深い理解と新たな解決策をもたらします。

しかし、この視点を獲得するには、まず自分自身を深く知り、自己認識を高めることが必要です。これは、自分の感情、思考、そして行動がどのようにして形成され、影響を受けるのかを理解することから始まります。

自分がどのように世界を見ているのか、どのようなフィルターを通じて現実を捉えているのかを知ることは、神視点への第一歩となります。

次に、固定観念の打破が求められます。

私たちはしばしば、社会や文化から受け継いだ前提に縛《しば》られています。

しかし、これらの前提から自由になり、物事を新しい視点から見ることで、私たちは成長の機会を見出すことができます。それは、異なる文化や視点に触れ、自分の考えを柔軟にすることから始まります。

さらに、私たちは自分の感情と一歩引いて接することを学びます。感情に流されることなく、一呼吸置いて状況を客観的に観察する能力は、神視点を獲得する上で不可欠です。これにより、私たちは冷静かつ合理的な判断を下し、感情的な衝動に左右されずに行動することが可能になります。

神視点の目覚めは、単なる思考の転換以上のものです。それは、私たちが自分自身、他者、そしてこの世界とどのように関わるかを根本から変える過程です。この視点から世界を見ることで、私たちはより広い意味でのつながりを感じ、自分自身の行動が他者や環境に与える影響を深く理解することができます。

神視点の目覚めは、一朝一夕《いっちょういっせき》に達成されるものではありません。それは日々の実践と反省の積み重ねによって徐々に形成されます。この過程を通じて、私たちは自分自身の可能性を最大限に引き出し、より意味深い人生を送るための新たな道を見つけることができるのです。

自己認識を高める

「自分ってどんな人？」

自分自身をもっとよく知るプロセスです。

これを深めることで、自分の考えや感じ方に気づき、自分の行動や反応の理由を理解することができるようになります。簡単に言うと、自分自身の取扱説明書をつくっていくようなものです。

たとえば、ある日、急にイライラしている自分に気づいたとします。そのときに、「なんでこんなにムカつくんだろう？」と立ち止まって考えてみましょう。

そうすると、もしかしたら前の晩、あまり眠れなかったからかもしれないし、朝のコーヒーを飲み忘れたからかもしれません。自己認識を深めるというのは、こういう「自分の感情や行動の原因を探る」作業なのです。

さらに、自分の長所や短所を知ることも大切です。

たとえば、「人と話すのが得意だけど、細かい作業は苦手」と自覚すると、どんな仕事や活動が自分に合っているかがわかりやすくなります。**自分をよく知ることで、自分の得意なことを活かしたり、苦手なことを改善したりするための手がかりをつかむことができる**わけです。

自己認識を深めることは、結局のところ、自分自身ともっと仲よくなるためのステップです。自分のことを理解し、受け入れることで、自信を持って生きることができるようになります。また、他人の気持ちを理解する力も身につくので、人間関係がスムーズになったり、より充実した生活を送ることができるようになります。

自分を知ることは、自分自身の人生をよりよくするための第一歩なんです。

固定観念を打破する

固定観念の打破とは、私たちが無意識のうちに持っている、古い考え方や先入観を見直し、新しい視野で物事を捉えるようになる過程のことです。これは、自分の心をフレキシブルに保ち、成長し続けるために非常に大切なステップです。

多くの人が、子どもの頃から親や社会から「こうあるべき」と教えられた規則や価値観にとらわれがちです。

たとえば、「失敗は悪いことだ」「正しい答えがいつもある」といった考え方です。

しかし、このような**固定観念は、新しいことに挑戦したり、異なる考えを受け入れたりする際の大きな障壁になり得ます。**

固定観念を打破するプロセス

①自己認識の向上

まずは、自分がどのような固定観念を持っているかを知ることから始めます。日々の自分の反応や決断を振り返り、それが何に基づいているのかを考えてみましょう。

②柔軟性の養成

自分の考え方に柔軟性を持つことが重要です。「もし、違う角度からこの問題を見たら、どうなるだろう？」と自問自答することで、新しい解釈や解決策が見えてくることがあります。

③新しい経験をする

異なる文化や環境に触れたり、いままでとは違うタイプの人々と交流したりすることで、自分の世界観を広げることができます。旅行や新しい趣味、ボランティア活動など、新しい経験を積極的にすることが、固定観念を打破する大きな一歩となります。

④知識の更新

世の中は常に変化しています。古い情報や知識にとらわれず、最新の情報を得ることで、自分の考え方もアップデートされます。本を読んだり、セミナーに参加したり、オンラインでさまざまな視点の記事を読んだりすることが、視野を広げる手助けとなります。

⑤失敗を恐れない
新しいことに挑戦するとき、失敗は避けられないことですが、その失敗から学ぶことができます。失敗を「成長の機会」と捉えることで、自分の固定観念に挑戦しやすくなります。

固定観念を打破するメリット

固定観念を打破することで、人生には以下のようなポジティブな変化がもたらされます。

①新しい可能性が開かれる
自分の枠を超えたところに、新しいチャンスや可能性が待っています。
人間関係が豊かになる——異なる考えや文化を受け入れることで、より多くの人と深い関係を築くことができます。

② 柔軟な思考が身につく

物事を多角的に見ることができるようになり、問題解決能力が高まります。

③ 自信がつく

新しいことに挑戦し、成功体験を積むことで、自分に対する自信が生まれます。

固定観念の打破は、より豊かで充実した人生への扉を開く鍵です。

自分の心と向き合い、古い枠を超える勇気を持つことで、私たちは自分自身の可能性を最大限に引き出すことができます。

多角的な視野を広げる

多角的な視野を持つことは、世界をより豊かに、深く理解するための重要なスキルです。それは、一つの角度からではなく、さまざまな角度から物事を見る能力を意味します。この視野を持つことで、私たちはより柔軟な思考ができ、創造的な解決策を見出しやすくなります。

多角的な視野を養うには、まず、**自分とは異なる背景を持つ人々の意見や考えを積極的に聞く**ことから始めます。

友人や同僚、またはオンラインのコミュニティで、自分と異なる立場や文化の人々と交流することで、自分の考えがいかに一つの視点に基づいているかを認識できます。

他者の経験や視点を理解しようとすることで、自分自身の見方も自然と広がっていきます。

次に、多様な情報源から情報を得ることも重要です。ニュース、本、ドキュメンタリー、映画など、さまざまなメディアを通じて、世界のさまざまな側面を学びます。

とくに、自分の興味や専門分野とは異なる分野にも目を向けることで、新たな発見や興味を持つことができるでしょう。異なる角度からの情報を積極的に取り入れることで、思考の幅が広がります。

さらに、自分の価値観や信念を見直すことも、多角的な視野を養う上で不可欠です。

自分の持つ前提や信念に疑問を投げかけ、なぜそう考えるのか、その根拠は何かを自問自答することで、固定観念から脱却しやすくなります。

自分の信念を再評価する過程で、新しい視点を受け入れる準備が整います。

また、異文化体験も多角的な視野を広げる有効な方法です。旅行、留学、外国語学習などを通じて、他の文化を体験することで、自分の文化や生き方だけが唯一のものではないことを実感できます。異文化との直接的な触れ合いは、自分の価値観や世界観を相対化し、より広い視野を持つきっかけとなります。

多角的な視野を持つことは、結局のところ、自分自身と世界に対してオープンマインドでいることを意味します。

自分の考えや信念に自信を持つ一方で、他者の意見や新しい情報にも柔軟に対応できるようになることで、より豊かな人生を送ることができるようになります。

多角的な視野を持つことは、個人の成長はもちろん、多様性を受け入れ、共感し合える社会を築く上でも非常に価値があります。

感情との距離の取り方

感情との距離の取り方は、自己管理と精神的な成熟に欠かせないスキルです。日々の生活で起こる出来事に対する自動的な感情的反応を抑え、より冷静に状況を評価することで、賢明な決断を下すことができます。

このスキルは、ストレスの多い状況でも平静を保ち、個人的な成長を促す手助けとなります。

［自分の感情を認識する］

感情との距離を取る第一歩は、自分の感情を認識することです。

怒りや悲しみ、喜びなど、感じている感情を具体的に特定し、その原因を理解する努力をします。

たとえば、

「いま、イライラしている。それは、会議で意見が無視されたからだ」

と自己認識することです。感情を言葉にすることで、それに振り回されることなく、より客観的に自分自身を見ることができるようになります。

［感情を観察する］

感情を認識したら、次にその感情を静かに観察します。

感情に即座に反応するのではなく、

「いま、この感情を感じている」

という事実を観察することで、感情自体に距離を置きます。

この練習は、瞑想やマインドフルネスのテクニックを通じて強化できます。感情があなたを支配するのではなく、あなたが感情を管理する立場に立つのです。

「反応する前に一時停止する」

感情に飲み込まれそうになったとき、行動を起こす前に一時停止することが大切です。深呼吸をする、数を数える、または一瞬部屋を出るなどして、即座に感情に基づいた行動を取るのを避けます。この一時的な停止は、感情が高ぶるのを鎮め、より冷静な判断ができるようになります。

「感情の背後を探る」

感情が湧き上がったら、その背後にある深層の原因やニーズを探ります。しばしば、表面的な感情の背後には、満たされていないニーズや深い不安が隠れています。自分の感情を深く探究することで、真の原因を理解し、適切な対処法を見つけることができます。

「感情を表現する適切な方法を見つける」

感情を感じること自体は自然なことですが、それをどのように表現するかが重要です。

感情を健康的に表現する方法を見つけることは、自己認識と自己表現のバランスを取る上で重要です。

感情をコントロールし、適切な方法で表現することで、人間関係を豊かにし、自分自身の精神的な健康を守ることができます。

感情との距離の取り方を学ぶことは、**日々の生活で直面する挑戦やストレスを乗り越え、より充実した人生を送る**ための重要なスキルです。

自分の感情を理解し、適切に管理することで、冷静で賢明な判断が可能になり、個人的な成長と幸福への道が開かれます。

俯瞰的思考の習慣化

俯瞰的思考の習慣化とは、自分のいる状況や問題を高い位置から見下ろすように全体を俯瞰し、**より広い視野で物事を考える**習慣を身につけることです。このスキルは、日々の小さな問題から人生の大きな決断に至るまで、あらゆる場面で役立ちます。

俯瞰的思考の習慣化をもっとわかりやすく表現するなら、「ドローンが空から見るように、自分の人生を高いところから見下ろすクセをつける」ということです。

日常の忙しさや目の前の問題にとらわれがちな私たちですが、たまには空中から、つまりもっと高い視点から自分の置かれている状況を眺めてみるのです。

この「空中散歩」をすることで、見えてくるものが変わります。

「ドローンを飛ばす」

これは、自分の日々の生活や問題を少し離れて見ることを意味します。たとえば、ちょっと立ち止まって、自分がいる状況を全体として見る──まるでドローンが上空から撮影している映像を見るように。

「空中から見る日記」

毎日の出来事を記録する日記をつけることは、自分の行動や感情を上空から眺めるようなものです。後で読み返すと、そのときは見えなかったパターンや解決策が見えてきます。

「他のドローンの映像を見る」

他人と話すことは、他の人のドローンからの映像を見るようなものです。自分とは違う視点で世界を見ることができ、自分の視野を広げることができます。

［時の流れを感じる］

短期間での変化だけでなく、長期的な変化も空中から見てみましょう。いまの行動が未来にどう影響するかを考えると、もっと賢い選択ができるようになります。

［定期的な空撮］

定期的に自分の行動や成果を振り返るのは、一定期間ごとにドローンで空撮をするようなものです。これにより、いままでの道のりを振り返り、これからの方向性を考えることができます。

俯瞰的思考を日常に取り入れることは、自分の人生をもっと広い視野で見るための練習です。

これにより、**目の前の問題にとらわれず、もっと大きな絵を見ることができる**ようになります。ドローンのように高いところから物事を見るクセをつけることで、人生をもっと豊かに、賢く生きることができるでしょう。

神視点からの行動計画

高い視点から全体を俯瞰して得た洞察をもとに、自分の目標や問題解決に向けた具体的なステップを計画する。それが神視点からの行動計画です。

このプロセスを通じて、日々の行動がより意味深く、目標達成に直結するものになります。

神視点からの行動計画

①ミッションを生きる

自分の生きる目的、価値を見出し、それをめざして生きることを確認します。

②ビジョン（理想）の明確化

次に、何を達成したいのか、どんな問題を解決したいのかのビジョン（理想）を明確にします。このとき、高い視点から自分の人生や仕事を見渡し、本当に大切なことは何かを見極めることが大切です。たとえば、「年収を上げる」よりも、「仕事での充実感を感じるためにはどうすればいいか」と考えるなど、ビジョンをより本質的なものにすることがポイントです。

③全体を見渡す

神視点から全体を見渡し、ビジョン（理想）に向かって目標を成し遂げていく過程で、影響を及ぼす可能性のあるすべての要素を考慮に入れます。これには、関わる人々、必要なリソース、時の流れ、外部環境の変化などが含まれます。

④ステップバイステップで計画を立てる

神視点で得た洞察をもとに、目標達成に向けた具体的なステップを設定します。ここで大切なのは、大きな目標を小さな目標に分解し、それぞれに対して実行可能なアクションプランをつくることです。これにより、目標がより達成可能なものになり、日々の行動の指針となります。

⑤柔軟性を持って計画を見直す

計画を立てた後も、定期的に神視点から現状を俯瞰し、計画の進行状況をチェックします。このとき、変化する状況に応じて計画を柔軟に見直し、必要に応じて調整を加えることが重要です。計画は固定的なものではなく、常に最適な形に更新されるものだと認識しましょう。

⑥行動を続ける

小さな成功を積み重ねることで、徐々に大きな目標に近づいていきます。日々の行動が最終的な成功への鍵となります。

神視点からの行動計画は、単に目標を達成するための手段ではなく、自分自身の成長と発展を促《うなが》すプロセスでもあります。高い視点から得た洞察を活かし、意味ある行動を積み重ねることで、より充実した人生を送ることができるでしょう。

ワーク

1 自己認識を高める「第一の神視点」を持つ

- どんなことにイライラしますか？
- どんなことをしているときが楽しいですか？
- 自分の長所と短所を書き出し、自分にある「いまの視点」を意識してください。
- 自分以外の視点も持てていますか？
もしも問題が起きたら、「あの人だったらどうするだろう？」と、「あの人」になりきって考えてみてください。
- イライラするときは、一度その感情を観察します。感情のままに行動を起こすのではなく、深呼吸などで冷静になってから対応していきましょう。
- 1週間に1度、その週に起きた出来事を日記につけてください。
その出来事は、自分の未来にどう影響するのか、しないのかを考えます。
- あなたが目指すべきビジョン（理想）はありますか？
それを達成するための計画を立てましょう。

第2章

挑戦を機会に変える

問題解決への新しいアプローチ

挑戦の真の価値を理解する

挑戦の真の価値を理解することは、自分の人生においてとても大切なことです。

挑戦と聞くと、多くの人はつい躊躇《ちゅうちょ》してしまうかもしれません。

しかし、実はその挑戦が私たちに与えてくれるものには計り知れない価値があります。挑戦を乗り越える過程で、新しいスキルを身につけたり、自信を深めたりすることができるのです。そして、これらの経験は私たちをより強くし、未来に向かって進む力を与えてくれます。


挑戦を受け入れることで、自分自身のことを深く知る機会にもなります。自分がどれだけのことができるのか、どのようなことに情熱を感じるのか、挑戦を通じて発見することができます。また、自分の強みや弱点を知ることで、今後どのように自己改善していくかのヒントも得られます。

挑戦は、私たちの精神的な強さ、つまりレジリエンスを築く上でも重要です。**困難を乗り越えた経験は、次に同じような状況に直面したとき、立ち直るための大きな支えとなります。**このように、挑戦を経験することは、人生のあらゆる面で私たちを支える力になります。

さらに、新しい挑戦は私たちに新しい視点をもたらします。異なる角度から物事を見ることで、創造性が刺激され、問題解決のための新たなアプローチが見えてくるかもしれません。新しい経験を積むことは、世界を広く見るための窓を開くようなものです。

ですから、挑戦は決して恐れるべきものではありません。それを受け入れ、乗り越えることで得られるものには、自分自身の成長にとって非常に価値があるのです。

挑戦を通じて得られる経験は、私たちの人生をより豊かにし、目指すべき方向を照らしてくれるのです。

問題を俯瞰する力

問題を俯瞰する力は、日々の生活や仕事で直面する挑戦を乗り越えるために非常に役立ちます。

この能力は、まるで山の頂から広い景色を眺めるように、問題を高い位置から見下ろして全体像を把握することを意味します。

これにより、問題の一部分にとらわれることなく、より広い視野で物事を考えることができるようになります。

たとえば、プロジェクトで予期せぬ問題に直面したとき。

その問題に対して感情的になるのではなく、一度深呼吸をして、考えてみましょう。

そして、その問題がプロジェクト全体にとって、

・どのような意味を持つのか
・どのような影響を与えるのか

を俯瞰してみることが大切です。

そうすることで、問題を解決するための新しいアイデアやアプローチが見えてくるかもしれません。

問題を俯瞰するためには、

「まずは自分自身の感情をコントロールすること」

が重要です。

問題に直面したときに感じる焦りや不安を一旦脇に置き、冷静に状況を分析することから始めましょう。


また、他人の意見やアドバイスを求めることも、問題を広い視野で捉えるのに役立ちます。異なるバックグラウンドを持つ人たちからの意見は、自分では気づかなかった視点を提供してくれることがあります。

さらに、問題を俯瞰する際には、長期的な視点を持つことも大切です。

いま直面している問題が、将来にどのような影響を及ぼすのかを考えることで、その問題に対する優先順位をつけたり、最も効果的な解決策を選んだりすることができます。

問題を俯瞰する力を身につけることで、挑戦に対してより柔軟に、創造的に対応することができるようになります。

これは、個人の成長はもちろん、チームや組織全体の発展にも貢献する重要なスキルです。日々の生活の中で意識的にこの能力を養うことで、より充実した人生を送ることができるでしょう。

解決策を見つけ出すチャンス

固定観念からの脱却は、私たちが新しい挑戦に立ち向かい、成長を続けるために欠かせないプロセスです。

多くの場合、私たちは知らず知らずのうちに、

「こんなはずではなかった」

「いつも通りにすれば大丈夫」

というような思い込みに縛られて生活しています。

これらの固定観念は、時に新しいアイデアや解決策を見つけ出すチャンスを私たちから奪ってしまいます。

固定観念から脱却するためには、まず自分が持っている前提や思い込みを意識的に見つめ直すことが大切です。

たとえば、「これは難しいから自分にはできない」と思っていることがあれば、その思い込みが本当に事実に基づいているのか、あるいは過去の経験や他人の意見に影響されているだけなのかを考えてみましょう。

自分の中にある固定観念に気づいたら、次は、その固定観念を打破するために挑戦してみることです。これは、新しい活動に挑戦したり、異なる意見を持つ人と積極的に交流したりすることで実現できます。

他の文化や価値観に触れることで、自分の世界観がいかに狭いものだったかに気づき、より広い視野を持つことができるようになります。

また、自分自身に小さな挑戦を設定し、それをクリアすることも固定観念を打破するよい方法です。

たとえば、

「毎日新しい人に話しかける」
「いままで避けていたジャンルの本を読む」
といった小さなステップから始めることで、自分の中の無意識の壁に気づき、それを乗り越えることができます。

固定観念からの脱却は、**自分の可能性を広げ、新しい自分を発見する旅**のようなものです。このプロセスを通じて、私たちはより柔軟な思考ができるようになり、未知の挑戦にも恐れずに立ち向かえるようになります。

そして最終的には、自分自身の成長だけでなく、まわりの人々や社会全体に対しても前向きな影響を与えることができるようになるでしょう。

柔軟性と適応性の養成

変化の多い現代社会で生き抜くためには、柔軟性と適応性を養うことが重要です。何か思いがけない事態が起きたとき、**これまでのやり方、考え方に固執することなく、調子を合わせたり、変化を受け入れたりできる視点を持ちましょう。**

これらの能力は、予期せぬ状況や新しい挑戦に直面したときに、効果的に対処し、前向きな結果を生み出すための鍵となります。

ここでは、柔軟性と適応性を養うための具体的な方法を紹介します。

「新しい経験に積極的に挑戦する」

未知の状況や新しい活動に積極的に挑戦することで、柔軟性を自然と高めることができます。新しい趣味に挑戦したり、異文化交流の機会に参加したりすることで、さまざまな状況に適応する能力が身につきます。

また、挑戦を通じて失敗を経験することも、柔軟性を養う上で重要な役割を果たします。

［状況を多角的に見る練習をする］

問題や状況を一つの視点からだけでなく、複数の角度から見る練習をすることで、思考の柔軟性が高まります。

他人の意見を聞いたり、自分とは異なる立場を想像してみたりすることが役立ちます。多角的に物事を考えることで、より多くの解決策やアイデアを思いつくことができるようになります。

［ストレス管理技術を身につける］

変化や不確実性はストレスを引き起こすことがあります。

ストレス管理の技術を身につけることで、状況に対する反応をコントロールし、落ち着いて対処することができます。

瞑想、深呼吸、運動など、ストレスを軽減する方法を見つけ、定期的に実践することが大切です。

［学習意欲を持ち続ける］

学び続ける姿勢を持つことは、柔軟性と適応性を高める上で非常に有効です。

新しい知識やスキルを習得することで、自分自身をアップデートし続けることができ、未来の変化に対しても適応しやすくなります。

オンラインコース、書籍、ワークショップなどを利用して、常に学び続ける機会を探しましょう。

［柔軟な思考を持つ］

物事が常に計画通りに進むわけではありません。

計画が狂ったときや予期せぬ問題が発生したときに、柔軟に思考し、計画を調整できるように心がけましょう。

失敗や変化を成長の機会として捉え、前向きに取り組む姿勢が重要です。

柔軟性と適応性を養うことで、私たちは変化する世界でより効果的に生きることができます。これらの能力は、日々の練習と意識的な努力を通じて、徐々に向上していくものです。

未来に対する不確実性に対処し、ポジティブな結果を生み出すために、今日から、これらの方法を実践してみましょう。

失敗は「成長」の糧《かて》

私たちはしばしば、失敗を避けようとしますが、実は失敗は新しい知識や洞察を得るための貴重な機会なのです。

失敗を経験することで、自分自身の限界を知り、それを超えるためのヒントを見つけることができます。

失敗は、私たちに自分の弱点や改善点を教えてくれます。

たとえば、プレゼンテーションで思うように話せなかったとき、それはより効果的に伝える方法を学ぶ機会になります。また、新しいプロジェクトがうまくいかなかった場合、その経験は計画や実行の方法を見直すきっかけとなり得ます。

重要なのは、失敗したときにそれをどのように捉えるかです。

失敗を単なるネガティブな出来事としてではなく、自己成長のためのフィードバックとして受け止めることが大切です。

失敗から学ぶためには、まずは自分を責めるのではなく、**何がうまくいかなかったのか、どうすれば改善できるのかを客観的に分析する**ことが重要です。

また、失敗から学ぶためには、オープンマインドでいることが不可欠です。

自分の間違いを認め、他人からのフィードバックを受け入れることで、より効果的な学習が可能になります。失敗を経験した後、それについて話し合うことで新たな視点を得られることもあります。

失敗からの学びは、自信をつける上でも役立ちます。

挑戦し、失敗し、それでもなお前に進む勇気を持つことで、自分自身のレジリエンスを強化することができます。

失敗を恐れずに新しいことに挑戦する姿勢は、人生をより豊かにし、目標達成への道を切り開きます。

最終的に、失敗から学ぶことは、私たちがより賢明で、寛容で、創造的な人間になるためのプロセスです。

失敗を経験することは誰にでもあることですが、その経験から何を学び、どのように前進するかが、私たちの成長を決めるのです。

「失敗すること」というのは、実は、人生における重要な転機であり、成長の糧です。

私自身、数々の挑戦と失敗を経験してきました。それらの経験が今の私を形づくり、私の考え方や行動に大きな影響を与えています。

たとえば、新しいビジネスを始めたとき、思い描いていた成功への道のりは決して平坦ではありませんでした。

最初の挑戦で思うような成果が出なかったとき、私はただ失望するのではなく、その経験から何を学べるかを深く考えました。

具体的には、事業計画の立て方、チームとのコミュニケーション、そして顧客ニーズの理解方法に問題があったことに気づきました。これらの失敗は、私にとって貴重な学びであり、その後のアプローチを改善するきっかけとなりました。

いま私が伝えたいのは、

「失敗は決して恐れるものではない」

ということです。

大切なのは、その失敗から何を学び、次にどう活かすかです。

失敗を経験することで初めて見えてくることも多く、それが自分自身を深く知るきっかけとなります。

また、失敗を乗り越える過程で、レジリエンス（回復力）や柔軟性といった大切な資質を身につけることができます。

失敗から逃げずに直面し、その経験を次へのステップに変える勇気を持つことが、成長への近道になります。

問題解決に役立つ6つのステップ

どんな問題にも、効果的に対応できる柔軟な思考と行動が必要です。問題解決のプロセスは一つひとつステップを丁寧に踏むことで、より明確で実行可能な解決策が見えてきます。

問題解決のための6つのステップ

①問題を明確に定義する

問題解決の第一歩は、問題を明確に定義することです。何が問題なのかをはっきりさせることで、解決すべき核心に近づくことができます。この過程で大切なのは、表面的な症状ではなく、根本的な原因を見極めることです。

②状況を俯瞰する
次に、問題が存在する全体の状況を俯瞰します。全体像を把握することで、問題の背景や関連する要素が明確になり、解決策を考える際の視野が広がります。
③解決策をブレーンストーミングする
問題の原因と全体像が見えてきたら、解決策をブレーンストーミングします。この段階では、どんなアイデアも歓迎し、多様な視点から可能性を探ります。異なるバックグラウンドを持つ人と協力することで、新しいアイデアが生まれやすくなります。
④行動計画を立てる
実行可能な解決策が見つかったら、具体的な行動計画を立てます。誰が何をいつまでに行うのか、目標は何かを明確に定義し、ステップごとに実行に移していきます。
⑤実行と評価
計画を実行に移したら、そのプロセスと結果を定期的に評価します。目標に対して進捗がどの程度あるのか、計画に変更が必要ではないかを見直し、必要に応じて修

正を加えます。

⑥反省と学び

最後に、解決策の実行から得られた結果を反省し、次に活かす学びを得ます。成功した点と改善が必要な点を明確にし、今後の問題解決に向けての知見を深めます。

問題解決は、単に困難を乗り越えることだけではありません。それは、私たちがより賢明になり、成長する機会でもあります。実践的な問題解決戦略を通じて、私たちは未来に向けてより強く、柔軟で、創造的な人間になることができるのです。

毎日の小さな挑戦を楽しもう

毎日の生活には、気づきにくいことですが、小さな挑戦がたくさんあります。

その挑戦を楽しむことで、日常がもっと鮮やかで、意味のあるものに変わっていきます。

たとえば就職したての頃は、毎日が新しい経験、新しい挑戦の連続です。すぐにはうまくいかなかったり、失敗して上司や先輩に叱られたこともあったかもしれません。でも何度かの失敗を経て、ようやくうまくいったときの誇らしい気持ちを思い出してください。


小さな変化が、大きな喜びにつながります。

私たちが直面する挑戦は、生活を豊かに彩る機会であり、自分自身の枠を広げ、成長するチャンスを与えてくれます。

新しいことへの挑戦や日常のルーティンに、微妙な変化を加えることは、自分の人生の物語に新しい章を加えるようなものです。

新しいレシピに挑戦すること、普段と違う道を歩くことは、見慣れた世界に新たな発見をもたらし、生活に刺激を与えます。

挑戦から学ぶ姿勢は、私たちがより幅広い視野を持ち、さまざまな可能性を受け入れることを可能にします。

毎日の小さな挑戦は、時には失敗につながることもありますが、神視点で見れば、それらの失敗すらも価値ある学びの瞬間となります。

失敗を通じて、私たちは柔軟性を身につけ、未来の挑戦に対する適応能力を高めていくことができます。

そして、日々の小さな成功を祝うことは、自分自身の努力を認め、さらなる挑戦へのモチベーションを高めるために不可欠です。

友人や家族とともに新しい挑戦を楽しむことは、経験を共有し、互いの絆を深める貴重な機会となります。

私たちの生活は常に変化し、進化するものです。

毎日の小さな挑戦を楽しむことは、この絶えず変わる世界の中で自分自身を見つめ直し、成長し続ける機会になっていきます。

ワーク

2 失敗を恐れない「第二の神視点」を持つ

- 今日、何に挑戦しましたか？　明日、何に挑戦しますか？
小さくてもいいので、経験したことのない新しいことに挑戦してみましょう。
- 抱えている問題を冷静に考えてみましょう。
「その問題は、あなたの人生にどのような意味を持ち、どのように影響しますか？」
- 「これは難しいから自分にはできない」と思い込んでいることはありませんか？
そのことを書き出して、「できない」から「やってみる」「できる」に変えていきましょう。小さなステップから始めることが、大きな変化の第一歩です。
- 過去に失敗経験はありますか？
その失敗から何を学ぶことができましたか？
- 問題を抱えているとしたら、その問題の全体像を書き出し、解決策も複数書き出してみましょう。実行可能な行動計画を立てることです。
- 日常のルーティンにも「挑戦」はあります。その機会を見つけにいきましょう。

第3章 キャリアを加速する

成功への階段を上る

自己のコアバリューを理解する

キャリアを形成し、加速させる上で、「自己のコアバリュー」を理解しておくことは、非常に重要です。

「コアバリュー」とは、企業あるいは個人が重要視する「価値観」のことです。

自分のコアバリューを知るとは、**自分が何を大事にしているか**、心の中のコンパスを見つけるようなものです。

これを理解すると、自分にぴったりのキャリアや、どんな決断をすべきかがクリアになります。簡単に言うと、自分が本当に大切だと思うものが何かを知ることで、仕事や人生での選択がしやすくなるんです。

まず、自分自身にいくつか質問してみましょう。

「仕事で何を大事にしたい？」
「人生で成し遂げたいことは？」
「どんな働き方がしたい？」

など、自分の本心を探る質問です。

答えを探す過程で、自分の内面としっかり向き合う時間が必要になります。

次に、過去を振り返ってみてください。

自分が楽しかったこと、嬉しかったことは何ですか？
逆に、がっかりしたり、イライラしたことは？

これらの経験から、自分が何を大切にしているかのヒントが見えてきます。

自分の大切にしていることがわかったら、それを仕事にどう活かせるか考えてみます。

たとえば、人と話すことが好きなら、接客業や教育関係の仕事が合っているかもしれません。自由に自分のアイデアを形にしたいなら、起業やクリエイティブな職業がいいでしょう。

自分の価値観に合ったキャリアを選ぶことで、毎日の仕事がもっと楽しくなりますし、長期的に見ても自分の仕事に満足できるはずです。

自分の内心にあるコンパスに従って、自分にとって最高のキャリアパスを見つけ出しましょう。

自分の大切にしていることを軸に仕事を選ぶと、成功への道も自然と見えてきます。

市場と自己のスキルを照らし合わせる

自分が持っている能力やスキルが、いまの世の中でどれくらい役に立つかをチェックしていきましょう。

これをすることで、自分のスキルがどの仕事に役立つのか、またはどんなスキルを身につければもっとよいチャンスをつかめるのかがわかります。

まずは、**自分ができること、得意なことをリストアップしてみましょう。**

それができたら、いまの仕事市場でどんなスキルが求められているかを調べます。

インターネットでの情報収集や、求人広告を見るのもいい方法です。

とくに注目されている業界や職種があれば、その分野で必要とされるスキルにも注目してください。

次に、自分のスキルと市場のニーズを比較してみます。自分のスキルセットが市場でどのように役立つか、またはどのようなスキルを追加で学ぶ必要があるかを考えるわけです。

もし自分のスキルが市場で高い需要があるものであれば、その能力をさらに磨くことでキャリアを加速させることができます。

一方で、市場のニーズに合わないスキルしか持っていない場合は、新しいスキルを学ぶ必要があります。

いまはオンラインコースやワークショップなど、新しいことを学ぶ機会がたくさんありますから、積極的にチャレンジしてみましょう。

市場と自分のスキルを照らし合わせることは、自分のキャリアを次のレベルに引き上げるための重要なステップです。

ところで私は、30代も半ばを過ぎたとき、ニューヨーク大学に入学しました。すでに歯科医院を開業していましたし、「どうして今さら留学なんて?」と思った人は少なくないようでした。実際、そんな言葉を直接言われたこともあります。

でも当時の私にとって、「そのときの自分」は、「まだゴールではない」という思いが強かったのだと思います。

ニューヨーク大学に入るのは、そう簡単ではありませんでした。私が希望したインプラントプログラム学部では、日本人留学生の受け入れをしていなかったので、普通なら「無理だ」とあきらめるのが妥当でしょう。

けれども私は、視点を、自分の立場ではなく、私を受け入れるニューヨーク大学サイドの人たちに置くことで、「無理だ」という思い込みや現実を変えたいと思いました。

そのためには、相手からの共感を得なければなりません。

自分はなぜ、この大学で学びたいのか、何を学びたいのか、それをその後に、どう活用していけるのか、ということをプレゼンしました。もちろん、そのための準備——知識を磨き、情報を集めるなど、それこそ一生懸命に勉強したことは言うまでもありません。

結果として、日本人で初めて、ニューヨーク大学への入学を果たすことができました。

まさに、視点を変えることで世界の扉も開けられることを実感した体験です。

自分が持っている能力を最大限に活かす方法を見つけ出し、必要なら新しいスキルを身につけて、市場で求められる人材になりましょう。

これが、成功への階段を上るための賢い方法です。

「市場と自己のスキルを照らし合わせる」

ステップ①「自分のスキルリストアップ」

まず、自分が持っているスキルを紙に書き出してみましょう。これには、職務経験だけでなく、趣味やボランティア活動から得たスキルも含めます。

たとえば、プログラミング、プレゼンテーション能力、言語スキル、チームでのコラボレーション能力などです。

ステップ②「市場のトレンドを調査」

次に、現在の仕事市場でどのスキルがとくに求められているかを調べます。プロフェッショナルネットワークや、求人サイトが参考になります。とくに、テクノロジー、データ分析、デジタルマーケティング、プロジェクト管理など、今後も需要が見込まれるスキルに注目しましょう。

ステップ③「スキルと市場ニーズの照合」

自分のスキルと市場のニーズを比較して、どのスキルが強みとなり得るか、またはどのスキルを伸ばすべきかを判断します。

たとえば、プログラミングスキルがあれば、とくに需要の高いプログラミング言語を学ぶことでさらに市場価値を高めることができます。

ステップ④「スキルアップ計画の作成」

市場のニーズに合わせて新しいスキルを習得するための計画を立てます。

オンラインコースやセミナー、ワークショップに参加する、専門書を読む、専門家とのネットワーキングをするなど、具体的な学習方法を決めます。

ステップ⑤ 実行とフィードバック

新しいスキルの習得に向けて行動を開始し、進捗を定期的にチェックします。可能であれば、新しいスキルを実務で試す機会を見つけ、実践的な経験を積みましょう。また、専門家や同僚からフィードバックを得ることも大切です。

このようにして、市場のニーズに応じた自己のスキルを磨くことで、キャリアの可能性を広げ、成功への階段を一歩ずつ上っていくことができます。

自分の能力を最大限に活かし、求められる人材になるための積極的な取り組みが、キャリア加速の鍵となるでしょう。

成長マインドセットの養成

成長マインドセットの養成は、キャリアを加速させる上で欠かせない要素です。

これは、**能力や才能は固定されているものではなく、努力や学習によって伸ばすことができる**という考え方に基づいています。自分自身の可能性を信じ、挑戦から学び、成長し続けることを目指すわけです。

では、成長マインドセットを育てるための具体的なアプローチを次にあげていきます。

［挑戦を受け入れる］
成長マインドセットを持つ人は、困難や挑戦を避けるのではなく、それらを成長の機会として受け入れます。新しいプロジェクトや未知の分野への挑戦を恐れずに、それらを通

じて自分が何を学べるか、どのように成長できるかを考えてみましょう。

［失敗をフィードバックとして捉える］

失敗を経験したときに、それを個人の能力の限界と捉えるのではなく、改善と成長のための貴重なフィードバックとして捉えることが重要です。失敗から何を学べるかを考え、次のアクションに活かしましょう。

［学び続ける姿勢］

知識やスキルは、継続的な学習と実践を通じてしか習得できません。新しいことを学ぶことに対して好奇心を持ち、常に自己向上を目指す姿勢が成長マインドセットの核心です。オンラインコースを受講する、書籍を読む、セミナーに参加するなど、さまざまな方法で知識を深めていきましょう。

［批判よりも構築的なフィードバックを］

自分自身や他人からの批判をただの否定ではなく、自分を成長させるための構築的なフィードバックとして受け止めることが大切です。フィードバックを積極的に求め、それを自己改善に役立てましょう。

［成功を分析する］

自分自身や他人の成功を分析して、その背景にある努力や戦略を理解しましょう。成功が単に才能だけでなく、努力や持続的な学習、挑戦への取り組みから生まれることを認識することが、成長マインドセットの養成につながります。

成長マインドセットの養成は、自分自身のキャリアや人生に対するアプローチを根本から変えることができます。

困難や挑戦を恐れずに、常に前向きに学び成長し続けることで、自分の可能性を最大限に引き出し、キャリアを加速させることができるでしょう。

戦略的ネットワーキング

戦略的ネットワーキングは、ただ多くの人と知り合うこと以上の意味を持ちます。

このアプローチでは、自分のキャリア目標や成長に役立つ関係を意図的に築き上げることに焦点を当てます。つまり、どのような人とつながるか、そのつながりをどのように深め、維持するかが重要になってくるのです。

まず、自分のキャリア目標を明確にし、それを支えるために**どのような人脈が必要か**を考えます。たとえば、特定の業界で知識を深めたい場合、その分野の専門家や先輩にアドバイスを求めることが有益です。自分が新しいプロジェクトを立ち上げたい場合は、投資家や同業者とのつながりが重要になります。

次に、これらの人脈をどのように築くかですが、専門的なセミナーやワークショップへの参加、業界団体への加入、ソーシャルメディアでの積極的な交流などが効果的です。

重要なのは、ただ出会うだけではなく、意味のある関係を築くことです。自分から積極的に話しかけ、興味を持って質問をしたり、自分の経験や知識を共有することで、信頼関係を築きます。

一度築いた人脈を維持するためには、定期的なコミュニケーションが不可欠です。メールやソーシャルメディアを利用して定期的に近況を報告したり、相手の重要なイベントや成果を祝ったりすることで、関係を維持し、さらに深めることができます。

戦略的ネットワーキングのポイントは、自分の目標達成に役立つ人脈を意図的に築き、その関係を有意義なものに育てることにあります。

ただ多くの名刺を集めるのではなく、自分自身と相手双方にとって価値のあるつながりをつくり出すことが、戦略的ネットワーキングの真髄です。これにより、キャリアの加速だけでなく、人生を豊かにする多くの機会を得ることができるでしょう。

スキルアップと専門知識の拡大

この世界は常に変化しており、新しい技術や手法が次々と生まれています。自分のスキルや知識を継続的に更新し続けることで、変化に柔軟に対応し、キャリアのチャンスを最大限に活かすことができます。

スキルアップのためには、まず自分が現在持っているスキルを客観的に評価し、どの分野で改善や拡張が必要かを特定することから始めます。

たとえば、デジタルマーケティングの知識を深めたい場合、オンラインのコースやワークショップに参加することが一つの方法です。

また、プログラミング能力を高めたいなら、実際のプロジェクトに取り組むことで、学んだ知識を実践する機会を得ることができます。

専門知識を拡大するためには、自分の興味やキャリアの目標に合わせて、関連する分野の最新の研究やトレンドに常に目を光らせることが重要です。

業界の専門誌を読んだり、関連するセミナーやカンファレンスに参加したりすることで、最新の情報をキャッチアップできます。また、同じ分野のプロフェッショナルとの交流を通じて、彼らの経験や知見から学ぶこともできます。

さらに、スキルアップと専門知識の拡大には、自己主導の学習が欠かせません。自分で学習計画を立て、定期的に時間を確保して学習に取り組むこと。また、学んだことを実際の仕事やプロジェクトで積極的に実践し、フィードバックを得ることで、理解を深めていくことが大切です。

スキルアップと専門知識の拡大は一朝一夕には達成できるものではありませんが、継続的な努力によって、自分自身の価値を高め、キャリアの可能性を広げることができます。

このプロセスを通じて、自分だけでなく、周囲の人々や社会全体にも価値を提供することができるようになります。

リーダーシップと影響力を発揮する

リーダーシップとは、単に上のポジションにいることではなく、周囲にポジティブな影響を与え、目標に向かって人々を導く能力のことを指します。

影響力を持つことは、他人の考えや行動によい影響を与え、共通の目標達成に貢献することを意味します。

リーダーシップと影響力を発揮するためには、まず自分自身の信念や価値観を明確にし、それに基づいて行動することが大切です。

- **自分が何を大事にしているのか**
- **どのような未来をつくりたいのか**

それを周囲に伝えていくことです。

また、コミュニケーション能力もリーダーシップを発揮する上で欠かせません。明確でオープンなコミュニケーションを心がけ、チームメンバーや同僚の意見に耳を傾けることで、互いの理解を深め、よりよい解決策を見つけ出すことができます。

さらに、他人を尊重し、認めることで、人々はより積極的に貢献しようとするでしょう。

問題解決能力もまた、リーダーシップの重要な要素です。**困難な状況に直面したとき、冷静に問題を分析し、創造的な解決策を見つけ出す能力は、チームを成功に導くために不可欠です。**

また、失敗を恐れずに新しいことに挑戦し、失敗から学ぶ姿勢を持つことで、周囲にもポジティブな影響を与えます。

そして、自分だけでなく、他人の成長をサポートすることもリーダーシップの重要な側面です。

メンターシップやコーチングを通じて、他人の能力開発を手助けし、彼らが自分自身の目標を達成できるよう支援することで、組織全体の成長と成功に貢献できます。

リーダーシップと影響力を発揮することは、キャリアを加速させるだけでなく、より充実した仕事と人生を送るための鍵です。

自分自身を磨き続け、常に周囲によい影響を与えるよう心がけることで、成功への道を切り開いていくことができます。

ワークライフバランスと自己管理

自分の仕事と私生活の間に適切なバランスを見つけることは、長期的なキャリアの成功と幸福に不可欠です。

［ワークライフバランスを整える］

ワークライフバランスを整えるためには、まず自分にとって何が大切かを明確にすることが重要です。それは仕事の成果か、家族との時間か、趣味や健康か。これらの価値観に基づいて、時間の使い方を決めることで、バランスの取れた生活を実現できます。

私は人生を、「仕事」「お金」「人間関係」「健康」の4つに区分けし、4分野においてバランスを保つことでワークライフバランスを保っています。

［優先順位の設定］

自己管理の一環として、日々のタスクに優先順位をつけることが重要です。重要かつ緊急な仕事を最優先し、緊急ではないが重要なタスクは計画的にこなしましょう。一方で、重要でも緊急でもないタスクは、後回しにしたり、他人に委譲《いじょう》することも検討します。

［タイムマネジメントの工夫］

仕事の効率を上げるためのタイムマネジメントの工夫も大切です。たとえば、タスクを小分けにして取り組む、集中力が高まる時間帯を活用する、無駄なミーティングやメールチェックの時間を減らすなどの方法があります。また、十分な休息を取ることも、生産性を維持するためには不可欠です。

［ストレスマネジメント］

ストレスは避けられないものですが、適切に管理することで、その影響を最小限に抑えることができます。ストレスの原因を特定し、リラクゼーションの技術を学ぶ、運動や趣味で発散するなど、自分に合ったストレスマネジメント法を見つけましょう。

［健康の維持］

健康は仕事のパフォーマンスに直結します。適切な睡眠、バランスの取れた食事、定期的な運動を心がけることで、からだと心の健康を維持し、日々の仕事に最適な状態で取り組むことができます。

ワークライフバランスと自己管理を適切に行うことで、仕事も私生活も充実させることが可能です。自分自身の幸福とキャリアの両方にとって最良のバランスを見つけ、それを実現するための自己管理能力を身につけることが、成功につながります。

この章では、**キャリアを加速させるために必要な戦略的な視点**についてお話ししてきました。神視点を持つことで、キャリアと人生の全体像を把握し、自分自身の可能性を最大限に引き出し、成功へとつながる道を見つけ出すことが可能になります。

ワーク

3 キャリアを加速する「第三の神視点」を持つ

■あなたのコアバリュー（価値観）は何ですか？
そのコアバリューをキャリアに活かすことができていますか？

■自分自身や他人の成功に対して、「なぜうまくいったのか？」――
その背景にある努力や戦略を書き出してみます。

■あなたのキャリアの目標は何ですか？
そのキャリアに役立つ人たちとの交流を持つには、
どのような場に行くのがいいでしょうか？
その場に行ったとき、あなたがすることは何ですか？

■スキルアップのために取り組んでいることはありますか？
まだ取り組んでいないとしたら、これから何に取り組みたいかを書いてみます。

■ライフバランスに偏《かたよ》りはありませんか？
偏りを感じたら、自分にとっての優先順位を考えてバランスを取り、
ビジョンを達成する計画を立て直しましょう。

第4章

人間関係の構築

つながりを深める視点

アクティブリスニングで心の扉を開く

相手の話に真剣に耳を傾け、理解しようとする態度を示すことにより、相手が安心して自分の本音を話せるような環境をつくり出します。

アクティブリスニングを行う際には、**単に相手の言葉を聞くだけでなく、その感情や言葉の背後にある意味も感じ取ろうとすることが大切です。**

アクティブリスニングというのは、話している人のことを本当にちゃんと理解しようとする聞き方のことです。

友達が「今日すごく嬉しかったことがあったんだ！」と言ったときに、「へえ、どんなこと？」と聞き返すのもアクティブリスニングの一つです。

このとき、話している友達にしっかり目を向けて、他のことはしないで話を聞くことが大事です。

相手が「こんなことがあってね」と話し始めたら、「それはすごいですね！」とか「どうやってそれを成し遂げたのですか？」というように、相手の話に興味を持ってさらに質問したりするんです。

このやり取りの中で、大事なのは相手の言葉だけじゃなくて、表情や声のトーンもよく観察することです。

たとえば、友達が笑顔で嬉しそうに話していたら、「すごく楽しそうでいいね！」と感じたことを伝えたりします。

こうすることで、相手は「自分の話をちゃんと聞いてくれてる」と感じて、もっといろいろ話したくなるわけです。

アクティブリスニングをするときに気をつけたいのは、相手の話を遮ったり、すぐに自分の意見を言ったりしないこと。

まずは相手の話を最後までしっかり聞くことが大切です。

それで、話が終わったら、「そうだったんだ、大変だったね」とか「よくがんばったね」と、相手の気持ちに共感を示す言葉をかけます。

アクティブリスニングは、**相手とのつながりを深めるための強力なツール**です。神視点からコミュニケーションを見つめ直すことで、私たちはより豊かな人間関係を築くことができるようになります。

相手の話に耳を傾けることで、互いの理解を深め、信頼関係を強化し、心の扉を開くことが可能になるのです。

心と心をつなぐ橋を架《か》ける

信頼できる人間関係を構築するには、相手の気持ちを深く理解しようとすることから始まります。

これはまるで、自分の心と相手の心の間に橋を架けるようなものです。

相手が何を感じているのか、その背景にある感情や思いを察することで、人と人との間の距離をぐっと縮めることができます。

たとえば、友達が悲しいときに「大変だったね」と言うだけじゃなく、その悲しみを自分のことのように感じて、「そんなに悲しい思いをしたんだね、辛かったね」と言葉をかける。これが共感です。

自分の経験と照らし合わせながら、相手の感情に寄り添うことで、相手は「自分の気持ちをわかってくれる人がいる」と感じ、心が少し軽くなるんです。

この共感を表すとき、大切なのはただ相手に同意するだけじゃなく、相手の感情をしっかりと受け止めることです。

相手が怒りや不安、喜びなどを表現しているときに、それらの感情に耳を傾け、理解しようと努めます。そして、その感情を言葉にして伝えることで、相手は自分が理解されていると感じます。

こうした共感を示すことで、人とのつながりは、単なる情報交換以上のものになります。

それは、相手の内面に触れ、真の理解とつながりを深めるプロセスです。

相手の話を聞くだけでなく、その背後にある感情や意図を読み解き、心と心をつなぐ橋を架けること。これが、より豊かで意味のある人間関係を築いていきます。

自己開示の神秘

自分自身の内面を素直に相手に見せることで、深い信頼関係を築いていくことができます。ここで大切なのは、**心を裸にする勇気**です。

心をそのまま見せるというのは、相手とのつながりを深める上で、非常に重要な要素です。自分の弱さや不安、喜びや夢など、本当の自分をさらけ出すことで、相手に対する信頼を深め、より強固な絆を築くことができます。

心を裸にするというのは、つまり自己開示です。

これによって、自分を相手に理解してもらうと同時に、相手からも自分を理解する機会を得ることができます。

私はそれを自己開示の神秘と呼んでいます。

自己開示の神秘というのは、心の奥底にある本音や本当の自分を相手に明かすこと、それには確かな勇気が必要です。

たとえば、仕事での失敗を恥ずかしく思うかもしれませんが、その経験を上司や同僚と共有することで、失敗から学んだ教訓や、それをどう乗り越えようとしているのかを伝えることができます。

このような自己開示は、あなたの真摯《しんし》さや成長への意欲を示し、周囲の人々との信頼関係を深めることにつながります。

また、**自分の個人的な夢や目標について話すことも自己開示**の一例です。

将来自分のビジネスを立ち上げたい、あるいは特定の専門分野で専門家になりたいという夢を、友人や家族、メンターと共有していきましょう。これにより、まわりの人たちからのサポートや助言を得られる可能性が高まりますし、同じような夢を持つ人々とつながる機会にも恵まれるかもしれません。

自己開示はまた、人間関係において深い絆を築く基盤となります。

パートナーや親しい友人に対して、子ども時代の思い出や人生での転機、深い感情や恐れ、喜びなどを共有することで、相手との関係がより強固なものになります。

相手もまた、自分の話を聞いてもらえる安心感や信頼感を持ち、よりオープンに自己開示をしてくれるようになるでしょう。

しかし、**自己開示にはタイミングが重要です**。

突然、深い個人的な話をするのではなく、相手との関係性や状況を考え、徐々に自分を開いていくことが大切。相手の反応を見ながら、少しずつ深い話題へと進めていくことで、お互いの理解と信頼を深めることができます。

自己開示の神秘は、単に情報を共有するだけではなく、自分自身を相手にさらけ出し、相手との間に深い信頼と理解の橋を架けること。この勇気ある行為は、人との関わりをより充実させ、人生を豊かにしていきます。

非言語コミュニケーションの力

非言語コミュニケーション、つまり言葉を使わないで伝える情報は、私たちのコミュニケーションの中で大きな割合を占めます。

神視点から、この無声の言葉を見ると、人との関わりにおける微妙なニュアンスや深い感情を読み解く鍵となります。

目の合図、表情の変化、からだの姿勢、そして声のトーンなど、これらはすべて相手の真の気持ちや状態を伝える手がかりとなるのです。

たとえば、会議中に誰かが腕を組んで座っているのを見たとします。

このからだの動きは、その人が防御的かもしれない、あるいは何かに不安を感じているサインかもしれません。また、誰かが話しているときに目を輝かせているのを見れば、その話題に興奮していることが伝わります。私たちは、これらの無声の言葉を読み解くことで、相手の感情や思考をより深く理解することができるのです。

非言語コミュニケーションの力を最大限に活用するには、相手に対して完全な注意を払い、その細かなサインを見逃さないようにすることが重要です。

これは、相手が言葉で表現している以上のものを感じ取ることを可能にします。たとえば、**「大丈夫」と言っていても、その声の震えや避ける目線が、実は心配事があることを示しているかもしれません。**

このように、神視点からの洞察を通じて非言語コミュニケーションの細かなサインに気を配ることで、私たちは人間関係をより豊かに、深くすることができます。

相手の無声の言葉に耳を傾け、その背後にある感情や意図を理解することで、より意味のあるコミュニケーションが可能になります。言葉を超えたコミュニケーションの力を活用することで、私たちは相手とのつながりを深め、理解を深めることができるのです。

誤解を和解と成長のチャンスに変える

私たちは、日常生活や職場での関係性の中で、時には誤解や意見の衝突に直面します。しかし、このような状況を上から見下ろすような「神視点」から考えることで、新たな解決策や関係性の強化につながる道が見えてきます。

コンフリクト（**衝突、摩擦**）**が生じたときに、それを障害として捉えるのではなく、和解と成長のチャンスとして捉えることが「神視点」です。**

コンフリクトを超越する神視点というのは、ケンカや誤解をただの問題ではなく、お互いをよく理解し合い、関係を強くするチャンスだと捉えることです。

たとえば、友達と意見が合わないとき、そのままケンカになってしまうかもしれませんが、その状況を「なぜこんなに意見が違うんだろう？」と興味を持って考えることで、友達の考えをもっと深く知る機会に変えられます。

このとき、大切なのは、相手の話をじっくり聞いて、その人がなぜそのように感じたのかを理解しようとすることです。

そして、

「自分だったらどう感じるだろう？」

と自分の立場に置き換えてみると、相手の気持ちがより理解できるようになります。

そして、自分の気持ちも正直に伝えます。

でも、責めるような言い方はせずに、「私はこう思ったんだ」という感じで、自分の感じたことを素直に話します。

こうすることで、お互いの誤解を解く手がかりになります。

また、問題を解決するために、一緒にアイデアを出し合うことも大事です。

たとえば、「次からはこんなふうにしようか」とか、「お互いに気をつけたいことは何かな？」と提案してみると、新しい解決策が見つかるかもしれません。

このようにして、ケンカや誤解を乗り越えると、関係が以前よりも強くなることがよくあります。なぜなら、お互いをもっと深く理解し、お互いに対する信頼が増すからです。だから、コンフリクトは、お互いをより近づけるチャンスだと捉えることができるんです。

日々の感謝が紡《つむ》ぐ強固な絆

感謝には、日常生活の中で私たちの関係をより強固なものに変える魔法のような力があります。神視点から見れば、感謝は単なる礼儀正しい挨拶以上のものです。それは心からの感謝の気持ちを相手に伝え、**その人の行動や存在が自分の人生にどれだけの価値をもたらしているかを認識する**行為です。

たとえば、仕事で忙しい中、友達が手伝ってくれたときに「ありがとう」と言うこと。それはその行為を評価し、友達の優しさや助けに対する感謝を示します。この小さな「ありがとう」が、お互いの絆を強くし、信頼関係を築く基礎となります。

感謝を表現する方法は多様です。

言葉で直接「ありがとう」と伝えることもあれば、感謝の手紙を書いたり、何か小さなプレゼントを渡したりすることで感謝の気持ちを表すこともできます。大切なのは、その感謝が心からのものであることです。

また、**日々の小さなことに対しても感謝の気持ちを持つこと**が大切です。

家族が毎日の食事を用意してくれること、同僚がコーヒーを入れてくれることなど、日常的な支援や優しさに目を向け、感謝の気持ちを忘れないようにしましょう。

これらの小さな感謝が積み重なることで、人との関係はより深く、豊かなものになっていきます。

神視点からの感謝を日常に取り入れることで、私たちは人間関係の中での自分の役割を再認識し、相手との関わりに新たな意味を見出すことができます。

感謝は、相手への敬意と愛情を伝えるシンプルで強力な方法です。

日々の生活の中で感謝の瞬間を見つけ出し、その魔法の力を使ってまわりの人々との絆を深めていきましょう。

神視点から見た長期的関係の価値

人間関係を構築するとは、人と人とのつながりをより豊かにし、長期的な関係の価値を高めることです。

神視点から見た場合、私たちの生活の中で形成される関係は、時間をかけて徐々に深まっていきます。このプロセスは、一瞬の出来事によるものではなく、共有された経験、相互の理解、そして時間を通じて築かれる信頼に基づいています。

信頼できる関係を築くことは、そう簡単ではありません。

出会って一瞬にして、「この人は信用できる」と感じる人はいるでしょう。そして、その直感は、案外、間違っていないと私は思うことが多いです。

それでも、その直感が本当に正しかったと思えるまでには、やはりつき合いの長さは不可欠です。

逆に言うなら、人間関係を短期的に見てはいけないということがあります。ちょっとしたことで、「こんな人だとは思わなかった」「もうつき合いたくない」と判断してしまっては、人間関係を構築していくことはできないわけです。


長期的な関係の価値を十分に理解するには、まずは共に過ごす時間の重要性を認識することが重要です。

家族との夕食、友人との会話、同僚とのプロジェクト作業など、日常生活で共に過ごす時間は、お互いを深く理解する機会を提供します。これらの瞬間を通じて、相手の価値観や興味、感情に寄り添い、関係を深める基盤を築きます。

また、長期的な関係を深める過程では、互いに対する忍耐力と受容性が求められます。人間は完璧ではなく、誤解や衝突が生じることがあります。

しかし、これらの**困難を乗り越える過程で、関係はより強固になり、お互いの間に深い信頼感が育まれます。**

神視点から見れば、これらの挑戦を共に乗り越えること自体が、関係を深めるための重要なステップです。

さらに、長期的な関係では、お互いの成長を支え合います。

人生のさまざまな段階で、私たちは変化し、新たな挑戦に直面します。

長く深い関係を持つことで、これらの変化の中でお互いを支え、励まし合うことが可能です。

関係を深める時間とは、結局のところ、お互いの人生に深く関わり合い、支え合うことを通じて形成される貴重なものです。

神視点から長期的な関係の価値を見ることで、その瞬間瞬間の価値を再認識し、人との深いつながりがもたらす無限の可能性を理解することができるでしょう。

ワーク

4 つながりを深める「第四の神視点」を持つ

- 誰かと話すときに、アクティブリスニングで聞いていますか？
- 親しい人に、自分の夢や目標を開示してみましょう。
- 最近、相手の非言語のコミュニケーションで感じとれたことはありますか？
言葉を交わしているわけではないのに、相手の思っていること、言いたいことがわかるようになるということがあります。目の前の人と真剣に向き合ってください。
- 誰かと衝突したとしても、それで終わりではない、ということを意識してください。
その上で、「自分が相手の立場だったら、どう感じるだろう？」と考えてみます。
よりよい関係を築くために、話し合うことも検討してみましょう。
- 「ありがとう」の言葉を伝えることができていますか？
感謝の手紙を書いたり、何か小さなプレゼントを渡すことで、
感謝の気持ちを表すこともできます。

第5章

自己成長の視点

継続的な自己実現への道

目標を設定する

——夢に近づくステップ

目標を設定することは、夢を手の届く現実に変える魔法のようなプロセスです。神視点から見ると、私たちの夢や希望は遠く雲の上にある星のように見えますが、目標設定を通じて、その星に一歩ずつ近づくことができます。

たとえば、あなたが「小説家になりたい」という夢を持っているとしましょう。この夢を現実に変えるためには、具体的な目標が必要です。

［夢を現実に変えるステップ］

ステップ①小さなステップから始める

まずは、「毎日300語書く」という目標を立てます。
小さな目標から始めることで、大きな夢に向かって確実に進むことができます。

ステップ②習慣を形成する
毎日の書き習慣を身につけることで、「小説家になる」という夢が日々の実践と密接に結びつきます。継続は力なり、という言葉が示すように、習慣は夢を現実にする力を持っています。

ステップ③フィードバックを得る
「3カ月以内に短編小説を完成させ、友人に感想をもらう」という目標を設けます。
他人の意見を聞くことで、自分の作品を客観的に評価し、改善のポイントを見つけることができます。

ステップ④　公にする勇気を持つ

「1年以内に小説を文学雑誌やコンテストに応募する」という目標を設定します。作品を公にすることは勇気が要りますが、批評を受け入れることでさらに成長できます。

神視点から目標を設定することで、夢は遠い幻ではなく、達成のための明確な道筋となります。

毎日の小さな努力が積み重なり、いつの日か大きな夢を現実のものとすることができるのです。夢を現実に変える旅は、目標設定から始まります。自分自身を信じ、一歩ずつ進んでいきましょう。

習慣の力

——日々の小さな選択が未来を形づくる

習慣の力は、日々の小さな選択が積み重なって、最終的に私たちの未来を形づくる、驚くべき力を持っています。神視点から見れば、**人生とは一連の選択の結果であり、日常的に行う小さな行動が、長い時間をかけて大きな影響を及ぼす**ことがわかります。

たとえば、毎朝早起きして読書をする習慣がある人は、時間が経つにつれて、多くの知識と洞察を得ることができます。

この習慣は、仕事や日常生活において新たなアイデアや解決策を提供し、個人の成長に貢献します。また、健康的な食生活や定期的な運動の習慣は、長期的に見て、からだの健康を保ち、生活の質を向上させます。

習慣を形成するためには、まず意識的に小さな行動から始めることが大切です。たとえば、「毎日10ページ読書をする」「毎日10分間散歩をする」など、達成可能な小さな目標を設定します。そして、これらの小さな行動を毎日続けることで、徐々に習慣化され、自然と行動の一部となっていきます。

また、習慣を継続するためには、ルーティンを確立することが重要です。特定の時間や場所で行動を行うことで、その行動を日常生活に組み込むことが容易になります。たとえば、朝食後に読書をする、仕事帰りにジムに寄るなど、自分のライフスタイルに合ったルーティンを見つけることが大切です。

習慣の力を最大限に活用するには、忍耐と継続が必要です。最初は挑戦的に感じるかもしれませんが、時間をかけて習慣を育て、定着させることで、それが自分の人生にプラスの影響を与えることを実感できるでしょう。日々の小さな選択が、未来を形づくる力を持っていることを忘れずに、一歩一歩前進していきましょう。

学習への情熱

―― 知識を深め、スキルを磨く

学習への情熱は、知識を深め、スキルを磨くための原動力となります。神視点から見れば、**学習は単に情報を蓄積する行為ではなく、自己の可能性を拡大し、新たな世界を開く旅です。**この旅は、好奇心と情熱によって、日々の生活に新鮮な刺激と成長の機会をもたらします。

［学習を習慣化する］

まず、学習を日常のルーティンに組み込み、習慣化することが大切です。たとえば、「毎日の通勤時間を活用して専門書を読む」「週末にはオンラインコースで新しいスキルを学ぶ時間を設ける」など、自分のライフスタイルに合わせた学習のスケジュールを作成します。このようにして学習を日々の活動に組み込むことで、知識の吸収とスキルの向上を自然な生活の一部とすることができます。

［学習目標の設定］

次に、具体的な学習目標を設定します。これは、「年内にはプログラミング言語を一つマスターする」「毎月、関心のある分野のセミナーに参加する」など、達成を目指す具体的な目標です。目標を明確にすることで、学習に対するモチベーションを維持し、進捗を可視化することができます。

［好奇心を刺激する］

学習への情熱を持続させるためには、好奇心を常に刺激し続けることが重要です。新しい知識やスキルに触れることで、未知の領域への探求心を高め、学習の楽しさを実感できます。また、異なる分野や文化に触れることで、視野を広げ、多様な視点から物事を考えることができるようになります。

［フィードバックと反省］

学習の過程では、定期的に自己反省を行い、フィードバックを受け入れることも大切です。これにより、自分の学習方法や理解度を客観的に評価し、より効果的な学習戦略を模索することができます。また、他者からの意見や指摘を受け入れることで、見落としていた視点を発見し、学習効果を高めることができます。

学習への情熱を持つことで、私たちは常に成長し続けることができます。**知識を深め、スキルを磨くことは、自己実現への道を切り開き、人生をより豊かで意味のあるものに変える力を持っています。**

学習は一生涯の旅であり、その過程で得られる経験と洞察は、計り知れない価値があります。

自己反省の時間

――内面の声に耳を傾ける

自己反省の時間は、自分自身の内面の声に耳を傾け、自分の行動や思考、感情を振り返ることで、自己成長のための洞察を深めるプロセスです。

私自身、この時間を非常に大切にしています。なぜなら、自己反省は自分自身をより深く理解し、自己実現へと進むための必須のステップだからです。

自己反省の時間を設けることで、日々の忙しさに追われて見落としがちな自分自身の内面に目を向ける機会を持つことができます。

これは、自分の行動のパターンや思考の傾向、感情の動きを客観的に観察し、自分の本当の価値観や目指すべき方向性を見極めるために不可欠です。

〔自己反省の実践方法〕

①定期的な自己反省の時間を設ける
毎日の終わりや週末など、一定の時間を自己反省のために確保します。この時間は一人の静かな空間で、日記を書いたり、瞑想をしたりするのに使うとよいでしょう。

②振り返りのポイントを決める
その日あった出来事や、自分の感じた感情、思ったことなど、振り返りたいポイントを決めます。また、自分の行動が自分の価値観や目標に沿っていたかどうかを考えることも重要です。

③感謝の気持ちを持つ
自己反省の時間は、自分を責めるためではなく、成長するためのものです。そのた

め、自分自身に感謝の気持ちを持つことが大切です。自分が経験したこと、学んだことに感謝することで、ポジティブな自己成長を促《うなが》します。

④行動の変更を考える

自己反省を通じて気づいたことをもとに、どのように行動を改善したり、思考を変えたりできるかを考えます。「小さな変更から始める」と考えて、実行可能なアクションプランを立てることが重要です。

自己反省の時間を通じて、私たちは自分自身の内面と深く向き合うことができます。このプロセスは、自己成長のための貴重な機会を提供し、**自分自身をよりよくするための洞察と勇気**を与えてくれます。

内面の声に耳を傾け、自分自身の真の姿を理解することで、より充実した人生を送ることができるでしょう。

精神的なバランス

――内なる平和を見つける

忙しい毎日を送る中で、心の平和を保つことがどれだけ大切か、私自身も日々感じています。精神的なバランスを保つことは、ただ心地よいだけでなく、自分自身を理解し、成長するためにも必要なのです。

［瞑想の習慣を始める］

瞑想というと難しそうに思えるかもしれませんが、実はとてもシンプルです。たとえば、朝の忙しい準備の中で5分だけ、深呼吸をして、今この瞬間に集中するだけでも違います。この短い時間が、1日を通しての心の平穏につながります。

［趣味を楽しむ］

私たちには、日常からちょっと離れて、心から楽しめるものが必要です。私の場合は、音楽を聴いたり、ガーデニングに没頭することで、心がリフレッシュします。趣味は、自分自身に戻るための大切な時間です。

［運動を取り入れる］

からだを動かすことは、心にもよい影響を与えます。私は、忙しい日でも、少しの時間を見つけてはウォーキングを心がけています。運動することで、心がすっきりとして、物事をポジティブに捉えられるようになるんです。

［自然の中で過ごす］

自然の中で過ごすことは、私たちの心に深い平和をもたらします。週末に公園を散歩するだけでも、心が穏やかになり、新たな気づきがあるものです。自然は、私たちにとって最高の癒《い》やしです。

［よい関係を育む］

人とのつながりも、精神的なバランスを保つ上でとても大切。支えあい、笑い合える友人や家族との時間は、私たちの心を豊かにします。困難なときでも、そんな関係があれば乗り越えられると私は信じています。

このように、精神的なバランスを見つけるためには、毎日の小さな習慣がとても重要です。私自身も、これらの習慣を通じて、内なる平和を保ち、充実した毎日を送ることができています。心が穏やかであれば、人生に立ち向かう力が湧いてきます。

人間関係と成長

——他者とともに高め合う

人との関わりは、私たちが成長する上でとても大切な役割を果たします。人間関係は、私が人生において、最も重要視しているといっても過言ではありません。

まわりの人々とのつながりを通じて得られる学びや経験は、自分自身をよりよくするために必要不可欠なものだと思っています。他の人から新しい知識を得たり、異なる視点を学んだりすることで、自分の考えが広がり、深まります。

一緒に困難に立ち向かうことも、人間関係の素晴らしい側面の一つです。友人や家族と一緒に挑戦を乗り越えることで、それぞれの絆が強まり、お互いの成長につながります。また、良好なコミュニケーションを保つことで、お互いの理解が深まり、より豊かな人間関係を築くことができます。

相手への感謝と尊重を忘れないことも、健全な人間関係を維持する上で、非常に重要です。

人として、お互いの価値を認め合い、感謝の気持ちを表現することで、ポジティブな関係が築かれます。

このように、他者との関わりを通じて学び、成長することは、自分自身を豊かにし、人生をより意味のあるものにしてくれます。

人とのつながりを大切にし、共に成長していくことで、私たちは自己実現への道を歩むことができます。

人間関係は、私たちが遭遇するさまざまな挑戦を乗り越え、自己成長を遂げるための力強い支えとなるのです。

挑戦を受け入れる

――快適ゾーンの外へ

挑戦を受け入れること、それはまるで神視点から自分自身の人生を見下ろし、快適ゾーンの枠を越えて新たな地平へと進む勇気を持つことです。

この視点を持つことで、日常の繰り返しの中に隠された成長の機会を発見し、それらに積極的に取り組むことができます。快適ゾーンは安全で安心できる場所ですが、そこに留まっているだけでは、自分自身が持つ無限の可能性に気づくことはありません。

神視点から見れば、**人生の挑戦は私たちを成長させ、新しい自分へと変化させる貴重な瞬間です。**

たとえば、新しいスキルを学ぶこと、未知の分野に挑戦すること、あるいは自分の意見を大勢の前で堂々と発表することなど、これらはすべて、私たちが自分自身の限界を超え、さらに高みを目指すためのステップとなります。

この過程で避けられない失敗もまた、神視点から見れば、成長の糧となります。失敗は、私たちが何を改善すべきか、次にどのようなアプローチを試みればいいかを示す貴重な指標です。失敗を恐れず、それを学びの機会として受け入れることで、私たちはより賢明で強い自分へと成長していきます。

また、快適ゾーンの外へ踏み出すことで、私たちは新しい人々に出会い、異なる文化や価値観に触れる機会を得ます。これらの経験は、私たちの視野を大きく広げ、理解と寛容の心を育てます。

挑戦を受け入れることは、神視点から自分の人生をデザインすることです。

未知の領域に踏み出す勇気を持つことで、私たちは自分自身が想像もしていなかった新しい世界を発見し、自分自身の真の可能性に目覚めることができます。自分自身の成長を信じ、快適ゾーンの外にある新たな挑戦に向かって進んでいきましょう。

ワーク

5 自己実現を果たす「第五の神視点」を持つ

- 目標を設定しましょう。
それに対して、目標を小さなステップに小分けにしてみます。
小分けにしたものを、今日から実行してみましょう。
- 自分のライフスタイルの中に、目標達成のための「新しい習慣」を取り入れるとしたら、どのようなことができますか？
- 「そんな時間はない」と考えてはいけません。
時間を有効活用することが、習慣化には大切です。
- 毎週、決まった曜日に自己反省の時間を設けましょう。
自分の今週の行動を振り返り、来週をよりよくするために、変更するべき行動があるかを考えてみます。
- 習慣の中に、1日5分の瞑想や、ウォーキング、自然の中で過ごすなど、心をリフレッシュする習慣を取り入れましょう。

第6章 バランスの視点

ワークライフハーモニーの実現

毎日を整える

――自分だけの優先順位リスト

日々を整え、自分だけの優先順位リストをつくることは、充実した生活への一歩です。
たとえば、あなたが仕事の達成感も大切にしつつ、家族や自分の趣味にも時間を割きたいと思っているとしましょう。このバランスを実現するためには、具体的なアクションプランが必要になります。

［ステップ1　優先順位のリストアップ］
まず、紙に自分の価値観や目標を書き出し、それらを優先順位に従って並べます。
たとえば、

・**家族との質の高い時間**

- **仕事での達成と成長**
- **健康の維持と運動**
- **趣味や新しいスキルの習得**

このようにリストアップすることで、自分の目指す方向が明確になります。

［ステップ2　時間の配分を決める］

次に、これらの優先順位に基づいて、一日や一週間のスケジュールを立てます。

たとえば、「家族との時間」を最優先にする場合、夕食は家族と一緒に過ごす、週末は家族でアウトドア活動をするなど、具体的な計画を立てます。

［ステップ3　実行と調整］

計画を実行に移し、実際に生活に取り入れてみます。

もし計画通りにいかなかった場合は、どの部分が現実的でなかったのかを分析し、計画を調整します。たとえば、仕事が忙しくて定時で帰れない日が多い場合は、家族との時間を朝の時間にシフトするなどの調整が必要かもしれません。

［ステップ4　定期的な見直し］

自分のライフスタイルや目標は時間とともに変化します。そのため、定期的に優先順位リストを見直し、現在の自分に合ったバランスを再評価することが大切です。

具体的な例として、健康を重視する場合は、毎朝30分の運動をルーティンに加え、週に一度の趣味の時間を確保することで、ストレス解消と自己成長を図《はか》ることができます。

重要なのは、自分にとって何が大切かを常に自問自答し、その答えに基づいて日々の選択をすることです。

このようにして、自分だけの優先順位リストをつくり、それに基づいて生活を整えることで、バランスの取れた充実した毎日を送ることができるようになります。

時間を味方につける

──効果的な時間管理術

「神視点」とは、日常では見過ごしがちな、普段の枠組みや常識にとらわれない独特の視点を意味します。

この視点を時間管理にも使うことで、私たちは日常生活の中で隠れた価値や可能性を発見し、新たな理解や成長へとつながる洞察を得ることができます。

「タスクリストの作成と優先順位づけ」

「神視点」を活用すると、日々のタスクに対する新たな理解を得ることができます。

それは、見過ごされがちな小さなタスクが、実は自分の人生の大きな目標にどのように貢献しているかを見出すことから始まります。

たとえば、仕事の一つひとつのタスクが、自己実現やキャリアの進展にどう結びついているのかを理解することが、モチベーションの向上につながります。

〔時間ブロックの設定と集中タイムの確保〕

時間ブロックの設定や集中タイムの確保を通じて、私たちは日々の活動に深い意味を見出すことができます。

たとえば、家族と過ごす時間や自己ケアの時間を意識的にスケジュールに組み込むことで、仕事だけでなくプライベートの充実にもつながり、人生の質を高めることができます。

〔デジタルツールの活用と振り返り〕

デジタルツールの活用や振り返りを行うことも、「神視点」からのアプローチです。

これらのツールを利用することで、日々の活動の中で見過ごしている時間の使い方や、自分の行動パターンに気づき、改善の余地を見つけることができます。

また、定期的な振り返りは、自分自身の成長を促し、日常の中に隠れた学びの機会を発見するための重要なプロセスです。

「神視点」を持つことで、私たちは日常の中に潜《ひそ》む豊かな可能性に目を向けることができます。

見慣れた風景の中に新たな発見を見つけ、普段の生活の中で忘れがちな自分自身の価値観や目標に再び焦点を当てることができるのです。

このようにして、時間を味方につけ、バランスの取れた充実した人生を送るための道を切り開くことができます。

ストレスとの上手なつき合い方

ストレスと上手につき合うこと、それは自分自身を深く知り、成長するための大切なプロセスなんです。

私たちが日々直面するストレスも、実は自己発見や成長の機会を秘めていると考えることができます。

この「神視点」とも言える視点から見れば、**ストレスは単なる障害ではなく、私たち自身の限界や弱点、本当に大切にしたいことを教えてくれる貴重な指標となり得るのです。**

たとえば、仕事での締め切りに対するストレスを感じたとき、それはそのタスクが自分にとってどれだけ意味があるか、または完璧を求める自分自身の傾向を示しているかもしれません。

このような瞬間に立ち止まり、自分が何に対してストレスを感じ、その原因は何なのかを考えることで、自分自身の深い部分を理解する手がかりを得ることができます。

そして、ストレスを感じるその瞬間が、実は新しいスキルを習得したり、自分の精神的な強さを試したりする絶好の機会であると考えられるのです。

困難を乗り越えることで、私たちはより強く、柔軟で、適応能力の高い人間へと成長していくことができます。

ストレスに対処する方法は、人それぞれ異なります。

瞑想、運動、趣味に没頭すること、友人や家族との会話など、自分にとって何が最もストレスを軽減するのかを見つけ出し、その方法を実践することが大切です。また、これらの方法を組み合わせることで、さまざまな状況に柔軟に対応できるようになります。

ストレスとの関わり方自体を見直すことが重要です。

ストレスを人生の敵ではなく、成長のためのサインとして捉え直すことで、その乗り越え方にも前向きな意味を見出すことができるでしょう。

このような視点で日々のストレスと向き合うことで、私たちは自分自身の成長につながる機会を見つけ出し、人生をより豊かにすることができます。

自分をいたわる

――自己ケアのすすめ

自己ケアというのは、自分自身を大切に扱い、心とからだの両方の健康を守ることです。忙しい毎日を送る中で、自分のことをちゃんと見てあげることは、とても大切です。

自分をいたわるということは、**自分の心とからだに「ありがとう」**と言って、必要なケアをすること。これを「神視点」で見ると、自己ケアは自分の中にある小さな声に耳を傾け、それに応《こた》える行為なんです。

自分をいたわる方法はいろいろあります。

たとえば、夜は早めに寝て、しっかり休むこと。食事はからだが喜ぶような、栄養のバランスを考えたものを選ぶこと。

運動は、からだを動かす喜びを感じられるものをすること。

趣味の時間をつくって、心から楽しむこと。

これらはすべて、自分自身に対する優しさから始まります。

そして、心のケアも忘れてはいけません。

瞑想をしたり、好きな音楽を聴いたり、日記を書いたりすることで、心に穏やかさをもたらすことができます。また、自分のことを認めてあげることも大切です。自分が今日できたことに「ありがとう」と感謝するのです。


自己ケアをするということは、自分の人生において自分自身が最優先であると認識し、その価値を高めるための行動を取ることです。自分自身に優しくすることで、心もからだも元気になり、人生のいろいろな挑戦にも強くなれます。

自分をいたわることで、自分の可能性を最大限に引き出し、もっと充実した毎日を過ごすことができるのです。

デジタルデトックス

―オンとオフの境界線

デジタルデトックス、つまりオンラインとオフラインの境界線をしっかりと引くことは、現代社会で私たちが直面している大きな課題の一つです。

私自身、デジタルデバイスやソーシャルメディアの恩恵を受けつつ、その影響に振り回されないためのバランスを見つけることの重要性を日々感じています。

デジタルデバイスは、情報の取得、コミュニケーション、業務効率化など、多方面で私たちの生活を豊かにしてくれます。

しかし、その一方で、常にオンラインの状態にあることで、心の休息が取れなかったり、リアルな人間関係が希薄になったりする問題も引き起こしています。

ここで大切なのは、デジタルデバイスを使う時間と使わない時間のバランスを自らコントロールすること。たとえば、一日の中でデジタルデバイスを使わない「オフタイム」を設けることが一つの方法です。

夕食後の時間を家族や友人と過ごす時間にし、その間はスマホやＰＣを見ないようにする、就寝前の1時間はスクリーンを見ないようにして、心とからだをリラックスさせる時間にするなど、小さな工夫をするだけでも大きな違いが生まれます。

また、週末に一日だけでも、完全にデジタルデバイスから離れてみる「デジタルデトックスデイ」を設けるのもよいでしょう。

自然の中で過ごしたり、読書や趣味の時間にあてたりすることで、心のリフレッシュが図れます。

デジタルデトックスを実践することで、私たちはデジタルデバイスに振りまわされるのではなく、それを上手に活用する方法を見つけることができます。

オンラインとオフラインのバランスを見つけることで、より充実した日々を送ることができるでしょう。デジタルデトックスは、私たちがデジタル社会で健康的に生きるための重要なステップなのです。

家族・友人との時間を大切に

家族や友人と過ごす時間を大切にすることは、私たちの心の健康にとって非常に重要です。

私たちの生活は、デジタル化が進む中で、ますます忙しくなりがちです。しかし、そんな中でも家族や友人との対面での交流は、私たちに安心感や幸福感を与えてくれます。**リアルなコミュニケーションを通じて、私たちは愛情を共有し、支え合うことができます。** それは、デジタルデバイスを介したやり取りでは得られない、かけがえのない絆を深めることに他なりません。

家族や友人との時間を大切にするためには、日々のスケジュールの中で意識的にその時間を確保することが必要です。

たとえば、週末には家族で過ごす「ファミリーデイ」を設けたり、友人とは定期的に会ってリフレッシュの時間を持ったりすることができます。

また、忙しい日々の中でも、電話やビデオ通話を使って、顔を見ながらのコミュニケーションを心がけることも、関係を深める上で効果的です。

大切な人との時間を優先することは、時には仕事や他の活動から時間を割く必要があるかもしれません。

しかし、その結果として得られる充実感や幸せは、私たちの人生において計り知れない価値があります。

家族や友人との関係を大事にすることは、私たちが人生で直面するさまざまな挑戦に立ち向かう上での力となり、人生をより豊かなものにしてくれるのです。

私たちは、人とのつながりを通じて多くを学び、感じ、成長します。

だからこそ、家族や友人との時間を大切にし、そのつながりを深めることが、私たちの人生をより意味深いものにする鍵なのです。

変化を楽しむ

——柔軟性を持って生きる

変化を楽しむ、それは人生という旅の中で常に新しい風景を求め、未知の可能性に目を向けることです。

この旅は一直線ではなく、予期せぬ方向転換をすることもあります。それは、じつは怖いことです。実際には怖いことではないのですが、自分が経験したことのない世界に踏み出すというのは、それだけ不安や心配に駆られるわけです。

しかし、「神視点」で見れば、それらの変化こそが人生を豊かに彩るスパイスであり、柔軟性を持って生きることの大切さを教えてくれます。

私たちの生活は、予測不可能な出来事で満ちています。

計画通りに進まないことも多々ありますが、それを不安や恐れと捉えるのではなく、成長と発見の機会として受け入れる心構えが重要です。

自分の思った通りにいかないと、「やっぱりうまくいかないんだ」「自分には無理だったんだ」と思って、その道をあきらめてしまうことがあります。

目の前にチャンスが来ても、変わることに躊躇してしまうこともあります。

柔軟性を持って生きるとは、変化に抵抗するのではなく、それを受け入れ、適応する能力を意味します。

たとえば、キャリアで思いがけない転機に直面したとき、それを不運と捉えるのではなく、新たな技能を学び、成長するチャンスと見ることができます。

人間関係でも、変化は新しい出会いや絆を深める機会をもたらします。

生活環境が変わることも、新しいコミュニティに触れ、異なる文化を体験する貴重な経験となり得ます。

「神視点」から見たとき、**私たちの人生は大きな物語の一部であり、その物語は常に進化**

し続けます。

変化を恐れず、それを楽しむ心構えを持つことで、私たちは人生のあらゆる瞬間に価値を見出し、より充実した人生を送ることができます。

変化を楽しむためには、未来に対する過度な期待や不安を手放し、現在の瞬間に集中することも大切です。

今この瞬間を全力で生きることで、未来への準備ができます。

準備ができれば、変化に対する恐れが減少します。

柔軟性を持って生きるとは、人生の旅を全力で楽しむことです。

予期せぬ変化が私たちの道を照らし、未知の美しさを示してくれることを信じて、前向きな心でそれらの変化に挑戦し続けましょう。

ワーク

6 変化を楽しめる「第六の神視点」を持つ

- 自分の価値観を書き出し、優先順位をつけましょう。
- 自分の目標を書き出し、優先順位をつけましょう。
- いま、優先したい目標は何ですか？
- 優先的に取り組む目標を決めたら、その優先度の高い目標を達成するために、具体的にできる行動を考え、それを実行していきます。
- ストレスに直面したとき、あなたは何によってストレスを解消しますか？自分は何によってストレスを解消できるかを知っておくことは大切です。
- 週に一日、あるいは数時間でもいいので、デジタルデトックスの時間をつくります。それによって得られた気づきを書き出しておきましょう。
- 家族や友人との関係を深めるために、明日からできることはありますか？

第7章

未来を創造する視点

夢を現実に変える

夢の視覚化
――目指す未来を明確にする

自分の未来の夢を、できるだけリアルに想像してください。

それが「夢の視覚化」です。

これをすることで、**自分が何を目指しているのか、その夢が叶ったときにどんな感じがするのかを具体的にイメージします。**

たとえば、あなたが大きな仕事の成功を夢見ているとしましょう。

その成功した自分はどこにいて、どんな表情をしているでしょうか？ まわりには誰がいて、どんな言葉を交わしているんでしょう？


この視覚化を行うとき、大切なのは細部にまでこだわることです。

自分がその瞬間にいる場所、着ている服、感じている感情までをリアルに想像していきましょう。

ただ漠然と「成功したい」と思うだけでなく、その成功がどういうものか、そしてそれを達成したときの自分がどう感じるかがクリアになります。

この視覚化は、ただ夢を想像するだけでは終わりません。

その夢に向かって実際に動き出すきっかけにもなるんです。

夢を明確に想像できればできるほど、それを実現するために何をすべきか、どんな一歩を踏み出すべきかが見えてきます。

「夢を実現するために今日何ができるか」
「明日に何を目指すべきか」

ということが、ぼんやりとではなく、はっきりとしてくるはずです。

たとえば、仕事での昇進を目指しているなら、その夢を視覚化した後で、

「今日はこのスキルを磨くために学習しよう」

「このプロジェクトで目立つ成果を出してみせよう」

といった具体的なアクションプランが思い浮かぶかもしれません。

夢の視覚化は、自分の内側から湧き上がるモチベーションを引き出し、夢に向かって確実に一歩ずつ進むための燃料となります。

夢を見ること、それもリアルな感覚で夢をイメージすることは、未来への扉を開く最初の一歩になります。

スマートな目標設定

——達成へのロードマップ

目標設定に役立つフレームワークであるSMARTの法則は、自分の夢を現実にするための地図を描くようなものです。

「SMART」は「S・M・A・R・T」。

[Specific]——「具体的」
[Measurable]——「測定可能」
[Achievable]——「達成可能」
[Relevant]——「関連性がある」
[Time-bound]——「時間の枠組みが定められている」

の頭文字を取ったものです。

目標を立てるときに、「S・M・A・R・T」という5つのポイントに注意を払うことが大切です。

まずは、「具体的」にすることで、何を達成したいのかを明確にします。たとえば、「もっとお金を稼ぎたい」という目標よりも、「1年で100万円の貯金をする」という目標のほうがずっと具体的です。

次に、「測定可能」にすることで、自分の進捗がわかるようにします。これがあると、目標に向かって本当に進んでいるのかを確認できます。

そして、「達成可能」な目標を立てること。

これは、自分のスキルや環境を考えた上で、現実的な目標を設定することを意味します。

さらに「関連性」がある目標を設定することで、自分の大きな夢や価値観に合致しているかを考えます。

最後に、「時間の枠組み」を設定することで、いつまでにそれを達成するのかを決めます。これがあると、モチベーションを保ちやすくなります。

スマートな目標設定をすることで、夢を実現するための具体的なステップが見えてきます。

このプロセスを通じて、夢に向かって具体的に何をすべきか、どう行動するべきかが明確になり、夢を現実に変えるための行動を起こしやすくなります。

夢を実現する旅は、明確な目標設定から始まるのです。

行動計画のマッピング

――実行のための戦略

行動計画のマッピングは、「スマートな目標設定」でゴールを明確にしたら、そのゴールに到達するための道筋を描いていきましょう。つまりは、行動計画のマッピングです。「行動計画のマッピング」とは、目標に向かっていっているさまざまな行動を、関連づけていく作業のことです。

夢を現実に変えるために、具体的な行動を計画していくプロセスです。

ここでは、大きな目標を達成するために必要となる具体的な行動やタスクを特定し、それらを実行可能なステップに分解していきます。

行動計画を立てるときは、まず最終的な目標を達成するために必要な「主要なステップ」

を特定します。

たとえば、新しい事業を立ち上げるという目標がある場合、

- **市場調査を行う**
- **ビジネスプランを作成する**
- **資金調達を行う**

といった「主要なステップ」が考えられます。

それから、これらの主要なステップを、さらに小さなタスクに分けていきます。「市場調査を行う」ためには、対象となる市場のデータを集め、競合分析を行い、顧客ニーズを調査するといった具体的な行動が必要になります。

各ステップには期限を設定し、どのタスクをいつまでに完了させるかを明確にします。これにより、計画が実行可能で時間内に達成可能であることを確認します。

また、どのタスクを自分で行い、どのタスクについては他者の協力が必要かも明確にし、必要なリソースやサポートを確保します。

行動計画をマッピングする過程では、予期せぬ障害や困難に遭遇する可能性も考慮に入れます。計画に柔軟性を持たせ、障害に遭遇したときには計画を調整できるように準備をしておくことが重要です。

また、進捗《しんちょく》を定期的に確認し、計画に沿って進んでいるかを評価するメカニズムを設けることも大切です。

行動計画のマッピングを「神視点」で考えると、それは自分の人生における大きな絵を描くようなものです。

この視点から見れば、**私たちは自分自身の人生の作者であり、夢を現実に変えるための一歩一歩を慎重に計画していく役割を担《にな》っています。**

神視点では、日々の小さな行動が、最終的にどのように大きな目標や夢につながっていくのかを見渡すことができます。

この視点から行動計画を立てるとき、私たちはただ単に「何をするか」だけでなく、「なぜそれをするのか」という深い意味も同時に考えます。

それぞれの行動がどのように自分の人生のビジョンに貢献しているのか、その行動を通じて何を学び、どのように成長していくのかを意識することで、行動に対するモチベーションが格段に高まります。

また、「神視点」から行動計画をマッピングすることは、自分の人生における優先順位を明確にし、時間とリソースを、最も価値ある活動に集中させるための手段となります。

大きな目標に向かって進む中で、どの活動が本当に重要であるか、どの活動が自分を目標に近づけるかを把握することができます。

継続的なモチベーション

——火を絶やさない方法

夢を現実に変える長い旅の中で、自分の中のモチベーションとも言える「火」を絶やさないことが、前進し続けるために不可欠です。**自分自身の内側にある炎を見つめ、それを育て、保護する行為が、私たちが目指す目標に向かって進む力**を与えてくれます。

では、どのようにして、この炎を絶やさずに保つことができるのでしょうか。

［目標の再確認］

私たちが最初にその目標を設定したときの情熱や理由を定期的に再確認することは、モチベーションを維持する上で非常に有効です。

目標を達成したいと思った当初の感情や、それによって得られる成果を想像することで、再び情熱を感じることができます。

「途中経過の達成を称える」

目標達成の道のりは長く、時には困難を伴うものです。

そのため、小さな成功や進捗を認識し、それを称えることが重要です。これは、自分自身の努力を認め、モチベーションを高めるための素晴らしい方法です。

「ポジティブな自己対話」

自分自身との対話をポジティブに保つことは、継続的なモチベーションを維持する上で欠かせません。

自己疑念や否定的な思考は、モチベーションを損《そこ》なう原因となります。

ポジティブな自己対話を通じて、自分自身を励ますことで、挑戦に対する勇気と力を得ることができます。

［サポートシステムの活用］

家族、友人、同僚など、サポートシステムを有効に活用することも、モチベーションを維持する上で重要です。他人からの励ましやアドバイスは、困難な時期を乗り越える助けとなります。

［柔軟性を持つ］

目標に向かって進む過程で計画を柔軟に調整することは、継続的なモチベーションを保つために必要なことです。予期せぬ障害や困難に直面したとき、計画を柔軟に見直し、適応することで、目標達成への道を切り開くことができます。

これらの方法を通じて、自分自身の内なる力を信じ、前進し続けることで、理想とする未来を実現することができます。

時間管理の極意

――価値ある瞬間の創造

時間管理を神視点から捉えると、私たちが持っている時間という「限られた資源」をどのように活用するかということに焦点を当てます。

この視点からすると、時間はただ過ぎていくものではなく、自分自身の人生を豊かにするために使える貴重なものになります。

私たちが真に価値を見出す瞬間をどうつくり出すか、それがキーになってくるんです。

「自分にとって本当に重要なことは何か」

「どんな経験を通して自分は成長し、喜びを感じるのか」

ということを理解することから、すべてが始まります。それがわかれば、日々の活動を見直し、本当に意味のある活動に時間を割くことができます。

それは、時には大切な人との関わりを深める時間かもしれませんし、自分の夢に近づくための勉強かもしれません。


日々の忙しさの中で、本当に大切なことに時間を使うためには、意識的に選択をし、時には、それ以外のことは断る勇気も必要です。

重要なのは、緊急のタスクに追われるのではなく、自分の人生にとって価値のあることに時間を使うことです。

そうしていくことは、時間の質を高めることにもつながります。


一つのことに集中し、その瞬間にすべてを注ぐことで、より充実した時間を過ごすことができます。このためには、集中を妨げる要因を排除し、自分が最も集中できる環境を整えることが助けになります。

このとき、仕事とプライベートのバランスを保つことも意識していきましょう。

どちらか一方に偏りすぎないようにすることで、自分自身だけでなく、まわりの人たちとも価値ある瞬間を共有できるようになります。

私は、「仕事」「お金」「人間関係」「健康」の4つのバランスを意識していると前でお話ししましたが、この4つのバランスを保つことで、それぞれの時間の質を高めていくことができます。

あなた自身が何を大切にして、どのように生きたいのか。

それと深く向き合うことは、価値ある瞬間を積極的につくり出し、充実した人生への道となっていきます。

挑戦からの学び

―成功への道を照らす新しい視角

挑戦から学ぶこと、それは私たちの成長や変化に不可欠な要素です。神視点でそれを捉えるなら、失敗は単にゴールに到達できなかった瞬間ではなく、成功への道を照らす貴重な光です。

人生の旅の中で直面する挑戦や失敗は、私たちに新しい視角を提供し、学びと成長の機会をもたらしてくれるのです。

失敗を経験することは決して楽しいことではありませんが、それをどのように捉え、反応するかが重要です。

失敗を成功へのステップとして受け入れることで、私たちはより強く、賢明な人間に成長することができます。

失敗することで、私たちは自分自身の弱点を理解し、それを克服する方法を見つけることができます。また、次に同じ状況に直面したときには、よりよい選択ができるようになります。

挑戦から学ぶためには、失敗したときに自己反省を行い、何がうまくいかなかったのか、次にどのように改善できるかを考えることが重要です。

この過程では、自分自身に正直であることと、自分を責めるのではなく、解決策を探求する姿勢が求められます。

また、失敗から学ぶには、**新しい試みに対する恐れを手放し、再び挑戦する**勇気を持つことも必要です。

さらに、挑戦から学び、失敗を成功への糧に変えるには、柔軟な思考が欠かせません。

一つの方法やアプローチがうまくいかなかったとしても、それは別の方法を試す機会と捉えることができます。

成功への道は一つではなく、多くの可能性があるということを認識することで、私たちはより柔軟に、創造的に問題に取り組むことができるようになります。

挑戦から学び、失敗を成功への糧にすることは、自分自身との向き合い方、そして人生をどのように生きるかという選択に大きく影響します。神視点でこのプロセスを見ることで、私たちは自分の人生をより深く理解し、自分自身の可能性を最大限に引き出すことができるのです。

柔軟な計画の調整
―― 変化に適応する

事前に描いた計画がうまくいかなくても、臨機応変に対応していきましょう。

これを「神視点」で見れば、人生の道のりは予測不可能で、いろんな変化が待っているということになります。でも、それこそが人生を面白く、そして成長のチャンスに満ちたものにしています。

たとえば、旅行しているとき、急に天気が悪くなったとしましょう。

予定ではスカイダイビングを楽しむことにしていたのに、それができなくなってしまいました。

そんなときに、「ツイてない」「もう楽しめない」とネガティブに受けとめるのではなく、別のことで、もっと楽しめることはないかを考えるのです。

スカイダイビングを楽しむことはできないとなっても、「楽しむこと」を諦める必要はないわけです。

たとえば、「今回は時間的に無理だと思っていた美術館に行くことにする」と切り替えることもできるでしょう。

「楽しむこと」を諦めるのではなく、別の楽しむことを考えて、新しい計画を立て直すのが、柔軟な計画の調整です。

このように、**計画に柔軟性を持つことで、どんな状況でも最善を尽くし、楽しむことができます。**

この能力を育てるには、まずは「コントロールできること」と「コントロールできないこと」を区別することから始めましょう。

天気のように、私たちの力では変えられないこともありますが、その状況にどう対応するかは自分で選べます。

計画が狂ったとしても、その中で何ができるかを考え、行動に移すことが大切です。

さらに、「目標」に固執しすぎずに、目的を達成するための別の方法がないか常に考える柔軟さも重要です。

一つの道が閉ざされたら、別の道を探す心がけが、目標達成への新しい道を開くことにつながります。

人生で予期せぬ変化に直面したとき、それを成長のチャンスと捉え、柔軟に計画を調整していくこと。これが、挑戦を乗り越え、夢を現実に変えていく秘訣です。

変化に適応する力を身につけることで、人生は今よりもっと豊かで、楽しいものになっていきます。

ワーク

7 未来を創造する「第七の神視点」を持つ

■自分の「夢」を細分化していきます。
たとえば「起業する」という夢があるとしたら、いつ、誰と、何をするのか、どんな会社にするのか、ということを、できるだけ具体的に考えていきます。

夢を叶えているときの場所、着ている服、感じている感情までをリアルに想像してみましょう。

■「SMART」目標に沿って、目標を設定し書き出してみてください。

■夢を現実にするために、その夢までの具体的行動計画を立てましょう。

■あなたにとって、本当に重要なことは何ですか？
どんな経験を通して成長し、喜びを感じますか？
自分にとっての価値あることに時間を使うように意識してみます。

■過去に挑戦したこと、挑戦から学んだことを書いてみます。
失敗もまた、大切な経験です。
その失敗から何を学べたかも書き出してみましょう。

おわりに——あなたの視点が世界を変える

私たち一人ひとりが持つ視点、それはまるでレンズのように、私たちがこの世界をどのように見るかを決定します。そして、それは同時に、私たちがどのように行動し、どのように世界と関わっていくかをも形づくるのです。この本を通じて、私たちは「神視点」という独特の視角から、自分自身と世界を見つめ直す旅をしてきました。

この旅の終わりに、伝えたいことがあります。

それは、「あなたの視点が世界を変える」という真実についてです。

視点とは、単に物事を見る角度に過ぎないように思えるかもしれませんが、実はそれ以上のものです。

視点は、私たちが日々直面する挑戦や問題に対する解決策を見出す鍵となります。なぜなら、問題の見方を変えるだけで、その問題自体が変わるからです。

私たちが持つ固定観念や先入観を超え、新たな角度から物事を見ることで、かつては不可能だと思われた解決策が見えてくることもあります。

また、私たちの視点は、他者との関係性にも深く影響を及ぼします。

他人の立場や感情を理解し、共感する能力は、私たちが持つ視点の広さに直接関係しています。異なる背景を持つ人々を理解し、受け入れることは、より平和で寛容な社会を築く上で不可欠です。私たちが持つ視点の多様性を認め、尊重することが、互いの違いを超えた絆を深める第一歩となります。

さらに、私たちの視点は、自分自身の人生においても重要な役割を果たします。

自己認識と自己成長は、自分自身をどのように見るか、どのような意味を自分の経験に見出すかに大きく依存しています。自分の限界や可能性をどのように捉えるかは、自分の人生をどのように生きるかを決定するのです。私たちが自分自身に持つ視点を変えることで、自己の可能性を最大限に引き出し、より充実した人生を送ることができます。

このように、「あなたの視点が世界を変える」というのは、決して大げさな表現ではありません。

私たち一人ひとりの視点、思考、そして行動が、この世界を形づくる小さなピースの一つです。私たちが持つ視点を広げ、深め、そして共有することで、よりよい世界を創造することができるのです。

私の願いは、みなさんが日々の生活の中で、自分の視点を大切にし、それを通じて自分自身とこの世界との関わり方を見つけることです。

あなたの視点、つまりあなたがどう見るかが、実はとても大きな力を持っています。

あなたの視点が、小さな変化を起こし、最終的には大きな世界を変えていくことを信じています。

著　者

著者プロフィール

井上裕之

（いのうえ・ひろゆき）

1963年北海道生まれ。東京歯科大学大学院修了後、世界レベルの技術を学ぶためニューヨーク大学、ペンシルベニア大学、イエテボリ大学で研鑽を積み、医療法人社団いのうえ歯科医院を開業。理事長を務めながら、東京医科歯科大学、東京歯科大学非常勤講師、インディアナ大学客員講師など国内外の7つの大学で役職を兼任している。その技術は国内外から評価され、とくに最新医療、スピード治療の技術はメディアに取り上げられ、注目を集める。いのうえ歯科医院理事長、歯学博士、経営学博士。世界初のジョセフ・マーフィー・トラスト公認グランドマスター。本業のかたわら世界的な能力開発プログラム、経営プログラムを学び、独自の成功哲学「ライフコンパス」を編み出し、「価値ある生き方」を伝える著者として全国各地で講演を行っている。著書は累計80冊で130万部を突破。

井上裕之公式Webサイト
https://inouehiroyuki.com/

神視点

――見方を変えると「正解」が見えてくる

2024年7月10日　初版第1刷発行

著者　井上裕之
発行者　櫻井秀勲
発行所　きずな出版
東京都新宿区白銀町1-13
電話03-3260-0391　振替00160-2-633551
https://www.kizuna-pub.jp/
印刷　モリモト印刷
編集協力　小久保和輝
ブックデザイン　小口翔平＋稲吉宏紀（tobufune）

ISBN978-4-86663-246-9